ro
ro
ro

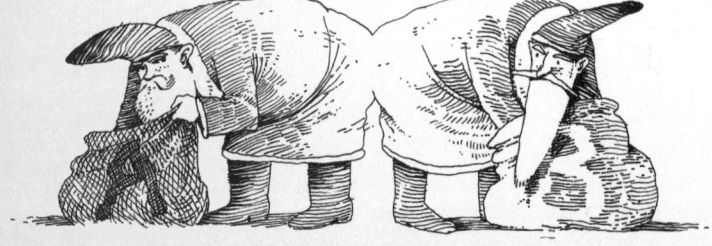

Peter Ustinov (Hg.)

Das UNICEF-
Weihnachtsgeschichtenbuch

*Mit Vignetten
von Jens Rassmus*

Rowohlt Taschenbuch Verlag

Neuausgabe November 2001

Originalausgabe
Veröffentlicht im Rowohlt Taschenbuch
Verlag GmbH, Reinbek bei Hamburg
November 2000
Copyright © 2000 by Rowohlt Taschenbuch
Verlag GmbH, Reinbek bei Hamburg
Einzelrechte siehe Autorenverzeichnis ab Seite 217
Alle Rechte vorbehalten
Umschlaggestaltung any.way, Cathrin Günther
(Abbildung: Super Stock)
Gesamtherstellung Clausen & Bosse, Leck
Printed in Germany
ISBN 3 499 23112 3

Inhalt

Vorwort von Peter Ustinov 9

Patricia Highsmith – **Eine Uhr tickt zu Weihnachten** 12

Gerhard Polt – **Schöne Bescherung** 36

Erwin Strittmatter – **Der Weihnachtsmann in der Lumpenkiste** 39

Kirsten Boie – **Der Heilige Tag** 44

Kurt Tucholsky – **Himmlische Nothilfe** 53

Karl Krolow – **Eine Weihnachtserinnerung, die ich nicht vergaß** 57

Maxim Gorki – **Von einem Knaben und einem Mädchen, die nicht erfroren sind** 63

Wolfdietrich Schnurre – **Die Leihgabe** 74

Anton Tschechow – **Wanjka** 84

Joan Aiken – **Ein Hund bellt sich vom Dach** 90

Truman Capote – **Eine Weihnachtserinnerung** 105

Cornelia Funke – **Das unsichtbare Rentier** 126

Gerhard Polt – **Meine erste Revolution** 133

Anton Tschechow – **Jungen** 137

Dylan Thomas – **Weihnachtserinnerungen** 147

John Updike – **Die zwölf Schrecken der Weihnacht** 157

Georg M. Oswald – **Große Bescherung** 162

Dagmar Chidolue – **Millie feiert Weihnachten** 182

Walter Kempowski – **Schlittschuhlaufen** 188

Paul Auster – **Auggie Wrens Weihnachtsgeschichte** 190

Hans Fallada – **Lüttenweihnachten** 202

Charles Dickens – **Weihnachtsgans und
Plum-Pudding** 210

Texte und Autoren 217

Das UNICEF-
Weihnachtsgeschichtenbuch

Meine lieben Leser!

«Der Knabe oder das Mädchen einer angemessenen Weihnachtserzählung steht gewöhnlich vor dem Fenster eines großen Hauses, ergötzt sich am Anblick des brennenden Weihnachtsbaumes in einem luxuriösen Zimmer und erfriert dann, nachdem es viel Unangenehmes und Bitteres empfunden hat.» So beginnt Maxim Gorkis berühmt gewordene Geschichte «Von einem Knaben und einem Mädchen, die nicht erfroren sind». Mit seinen Worten und seinem Herzen als Schriftsteller hat Maxim Gorki dafür gekämpft, dass die Kinder Russlands nicht erfrieren müssen. Nicht für eine äußerst fragwürdige, säuerliche Moral in jenen belehrenden Geschichten und auch nicht in den kalten russischen Winternächten vor dem Weihnachtsfest. Denn als Stimme des Volkes war es sein größter Wunsch, allen Kindern eine erträgliche Zukunft zu schenken.

Zumindest für seine und die vielen anderen nachfolgenden Weihnachtserzählungen ist ihm das gelungen. In ihnen wird zwar ordentlich geweint, gelitten, gebangt und gehofft, aber wenigstens erfroren wird in diesen Geschichten nicht mehr. Noch nicht erfüllt hat sich hingegen sein Wunsch für die Kinder, trotz seiner und der Mahnungen vieler anderer Schriftstellerinnen und Schriftsteller. Immer noch sterben Millionen Kinder an leicht vermeidbaren Krankheiten und weil ihnen Armut und Kriege keine Überlebenschance lassen. Deshalb ist es heute nötiger denn je, den Kindern dieser Welt zu helfen.

Seit 1968 bin ich als UNICEF-Botschafter unterwegs, um auf die Not von Kindern vor allem in den Entwicklungsländern und in Osteuropa hinzuweisen. Denn Kinder brauchen Erwachsene, die sich für ihre Belange einsetzen und ihre Rechte verwirklichen helfen.

Wenn ich an Weihnachten denke, dann denke ich neben all dem Elend und der Not auch an die von Hoffnung und Wünschen aufgerissenen Augen der Kinder vor jenem von Spannung gefüllten Moment der Bescherung. Liegt unter dem Weihnachtsbaum tatsächlich das, was den Wunschzettel angeführt hat? Etwas noch um Längen Schöneres, Begehrenswerteres? Eine ungeahnte Überraschung, die das Gewünschte noch weit in den Schatten zu stellen vermag? Es ist die Vorfreude auf das Eigentliche, die in solchen Momenten Glanz herbeizaubert, das Lächeln auf die Gesichter auch jener Älteren bringt, die ansonsten ihr Kindsein abgelegt haben wie einen zu eng sitzenden oder unmodischen Anzug.

Und was gibt es Schöneres, als mit ein paar Worten diese Erinnerung für Augenblicke zurückzuholen, sie wieder lebendig zu machen. Eine Gabe, die aus vielen Geschichten fließt, ganz gleich, ob sie aus unseren Tagen erzählen, aus den Augen von Kindern, oder von besonderen Ereignissen.

Die Stunden vor der Bescherung sind aber auch die Stunden des Erzählens und Phantasierens. Vielleicht von unsichtbaren Rentieren. Oder von Hunden, die sich von Dächern bellen. Oder über ein himmlisches Aufeinandertreffen zweier Engel mit dem gleichen Auftrag.

Auch von jenem goldenen Lamettaglitzern erzählen die nachfolgenden Geschichten: von Erinnerungen an die eigenen Kindertage, von Ereignissen und Erlebnissen

aus der Vergangenheit, von den zuweilen überborden-
den Festen, wenn sich die Familie trifft und bis in späte
Stunden beisammensitzt. Und wer von Kerzenschein
und Lichterglanz etwas Abstand gewinnen möchte, der
wird mit der Wahrheit über den Weihnachtsmann kon-
frontiert, über dessen gütiges Wesen die Erwachsenen
doch so einiges zusammengesponnen haben.

Ich wünsche mir, dass diese Auswahl an weihnachtlichen Geschichten Ihnen und euch eine vorweihnachtliche
Freude bereitet.

Ihr

Patricia Highsmith

Eine Uhr tickt zu Weihnachten

H aben Sie vielleicht einen Franc für mich, Madame?»
So fing es an.

Michele hatte die Arme voller Schachteln und Plastikbeutel und blickte über sie hinweg, auf einen kleinen Jungen in einem lose hängenden Tweedmantel und mit einer
Tweedmütze, die ihm bis über die Ohren ging, herab. Er
hatte große dunkle Augen und ein bittendes Lächeln.

«Ja!» Es gelang ihr, die zwei Francs, die sie noch, seit
sie das Taxi bezahlt hatte, in der Hand hielt, loszulassen.

«Merci, Madame!»

«Und dies hier noch», sagte Michele. Ihr war plötzlich
eingefallen, dass sie gerade einen Zehn-Francs-Schein in
eine Manteltasche gesteckt hatte.

Der Mund des Jungen klappte auf. «O Madame!
Merci!»

Die eine glatte Einkaufstasche war runtergefallen. Der
Junge hob sie auf.

Michele lächelte, umfasste den Henkel mit einem Finger
und drückte mit einem Ellbogen auf den Türknopf. Die
schwere Tür öffnete sich, und Michele trat über die er-
höhte Schwelle. Mit der Schulter drückte sie die Tür wie-

der zu und ging dann über den Innenhof ihres Apartmenthauses. Bambusbäumchen standen wie schlanke Wächter zur Linken und Rechten, und Lorbeerbäume und Farne wuchsen zu beiden Seiten des gepflasterten Weges, den sie zum Block E einschlug. Charles war sicher schon zu Hause; es war fast sechs. Was er wohl sagen würde zu all den Päckchen und den über dreitausend Francs, die sie heute ausgegeben hatte? Nun, sie war mit den Weihnachtseinkäufen fast fertig; eins der Geschenke sollte Charles seiner Familie geben – darüber konnte er sich kaum beschweren –, und die übrigen waren für Charles und für Micheles Eltern. Für sie selber war nur ein Gürtel von Hermès, dem sie nicht hatte widerstehen können.

«Der Weihnachtsmann!», sagte Charles, als Michele hereinkam. «Oder die Weihnachtsfrau?»

Sie hatte die Päckchen in der Diele auf den Boden fallen lassen. «Uhh! Ja, das war ein guter Tag! Habe eine Menge geschafft, meine ich. Aber wirklich!»

«Sieht ganz so aus.» Charles half ihr beim Aufsammeln der Schachteln und Tüten.

Michele hatte den Mantel ausgezogen und war aus den Schuhen geschlüpft. Sie warfen die Päckchen auf das große Doppelbett im Schlafzimmer, wobei Michele die ganze Zeit über redete. Sie erzählte ihm von der hübschen weißen Tischdecke für seine Eltern und von dem kleinen Jungen unten, der sie um einen Franc gebeten hatte. «Ein Franc! Wo ich heute so viel eingekauft habe! So ein goldiger kleiner Junge, ungefähr zehn Jahre alt. Und seine Kleidung sah so ärmlich aus. Genau wie in den alten Weihnachtsmärchen, dachte ich. Wo jemand, der weniger hat, um so was Kleines bittet.»

Michele lächelte breit und glücklich.

Charles nickte. Micheles Familie war reich. Charles Clément hatte sich heraufgearbeitet, vom Maurerlehrling mit sechzehn bis zum Leiter seiner Firma. ‹Athenas Construction›, mit achtundzwanzig. Mit dreißig hatte er Michele kennen gelernt, die Tochter eines seiner Kunden, und hatte sie geheiratet. Manchmal war Charles fast schwindlig zumute bei dem Gedanken an den Erfolg sowohl bei seiner Arbeit als auch in seiner Ehe, denn er liebte Michele zärtlich; und sie war auch reizend. Aber er wusste, er konnte sich eher vorstellen, der kleine Junge zu sein, der um einen Franc bettelte (was Charles nie getan hätte), als, zum Beispiel, Micheles Bruder, der Freigebigkeit ausstrahlte in der auch ihr eigenen Weise: zugleich überlegen und liebenswürdig; er hatte diese Haltung schon früher an Michele bemerkt.

«Nur ein Franc?», sagte Charles endlich und lächelte.

Michele lachte. «Nein, ich habe ihm einen Zehn-Francs-Schein gegeben. Den hatte ich noch lose in der Tasche. Und schließlich ist ja Weihnachten.»

Charles lachte. «Der wird wiederkommen, der kleine Junge.»

Michele stand vor ihrem Kleiderschrank; die Schiebetür hatte sie geöffnet. «Was soll ich heute Abend anziehen? Das helllila, das du so gern magst, oder das gelbe? Das gelbe ist neuer.»

Charles legte ihr einen Arm um die Taille. Die Reihe der Kleider, Blusen und langen Röcke sah aus wie ein greifbarer Regenbogen: goldschimmernd, samtblau, beige und grün, Satin und Seide. Das helllila Kleid konnte er unter den anderen gar nicht finden, aber er sagte: «Ja, das helllila. Das ist dir doch recht?»

«Aber ja, Lieber, natürlich.»

Sie waren bei Freunden zum Dinner eingeladen. Charles ging ins Wohnzimmer zurück und nahm seine Zeitung wieder auf, während Michele duschte und sich umzog. Charles hatte seine Hausschuhe an – die Angewohnheit eines alten Mannes, dachte er, obgleich er erst zweiunddreißig war. Jedenfalls war sie ihm seit den Teenagerjahren eigen. Damals hatte er mit seinen Eltern in der Gegend von Clichy gewohnt und war häufig mit nassen Schuhen und Socken nach Hause gekommen, weil er auf einem Bauplatz im Schlamm oder Wasser herumgestanden hatte, und da hatten die wollenen Hausschuhe gut getan. Von den Schuhen abgesehen, war Charles in Abendkleidung: Er trug einen dunkelblauen Anzug, ein Hemd mit Manschettenknöpfen und eine Seidenkrawatte, die nur lose gebunden, aber noch nicht zum Kragen hochgezogen war. Charles zündete seine Pfeife an – Michele würde sicher noch eine Weile brauchen – und betrachtete sein schönes Wohnzimmer. Er dachte dabei an Weihnachten. Das erste Anzeichen war der dunkelgrüne Kranz von etwa dreißig Zentimeter Durchmesser, den Michele offenbar heute Morgen gekauft hatte und der jetzt auf dem Esstisch an der Obstschale lehnte. Den würde Michele auf den Klopfer an der Wohnungstür hängen, das wusste er. Die Messinggeräte am Kamin schimmerten wie immer; der Feuerhaken und die Zange wurden von Geneviève, der Haushilfe, blank geputzt. Vier von den sechs oder sieben Ölbildern an den Wänden stellten Micheles Vorfahren dar, zwei in weißen gerüschten Spitzenkragen. Charles schenkte sich einen kleinen Glynfiddigh-Whisky ein und trank ihn pur. Der beste Whisky auf der Welt, seiner Ansicht nach. Ja, das Schicksal hatte es gut mit ihm gemeint. Luxus und

Komfort, wohin er auch blickte. Er schlüpfte aus den plumpen Hausschuhen und trug sie ins Schlafzimmer, wo er mit Hilfe eines silbernen Schuhlöffels die Schuhe für den Abend anzog. Michele war im Badezimmer noch mit ihrem Make-up beschäftigt; sie summte vor sich hin.

Zwei Tage später traf Michele wieder mit dem kleinen Jungen zusammen, dem sie den Zehn-Francs-Schein gegeben hatte. Sie war schon fast an ihrer Haustür angelangt, bevor sie ihn sah, denn sie hatte sich auf den eben gekauften weißen Pudel konzentriert. Ihr Taxi hatte sie an der Straßenecke weggeschickt und führte nun den kleinen Hund an der neuen schwarz-goldenen Leine vorsichtig am Randstein entlang. Das Hündchen wusste nicht, in welche Richtung es gehen sollte, wenn Michele nicht an der Leine zog. Es drehte sich im Kreise herum, hüpfte in die falsche Richtung, bis das Halsband ihm Einhalt gebot, und blickte dann lächelnd Michele an und trottete hinter ihr her. Ein Mann blieb stehen und bewunderte das Tierchen.

«Noch keine drei Monate», erwiderte Michele auf seine Frage.

Und da sah sie den kleinen Jungen. Er trug denselben Tweedmantel und hatte den Kragen gegen die Kälte hochgeschlagen. Sie erkannte, dass es die Anzugjacke eines Mannes war, viel zu groß für ihn; die Ärmel waren hochgeschlagen und die Knöpfe versetzt, damit sie enger um den Kinderkörper anlag.

«B'jour, Madame!», sagte der Junge. «Ist das *Ihr* Hund?»

«Ja, ich habe ihn gerade gekauft», sagte Michele.

«Was hat er gekostet?»

Michele lachte.

16

Ruckartig zog der Junge etwas aus der Tasche. «Ich habe Ihnen was mitgebracht.»

Es war ein winziger Strauß Stechpalmenzweige mit roten Beeren. Michele ergriff ihn mit der freien Hand und sah, dass er aus Plastik war; die Beeren waren auf den künstlichen Stielen zurechtgebogen, der unechte Kelch zerdrückt. «Danke schön», sagte sie amüsiert. «Und was schulde ich dir dafür?»

«Gar nichts, Madame!» In seinem Gesicht stand Stolz, und er sah ihr offen in die Augen und lächelte. Seine Nase lief.

Sie drückte auf den Türknopf des Hauses. «Möchtest du einen Augenblick mit raufkommen und mit dem Hündchen spielen?»

«O ja, danke!», sagte er freudig überrascht.

Michele ging voran über den Innenhof und in den Fahrstuhl. Sie schloss die Wohnungstür auf und machte den Hund von der Leine los. Dann gab sie dem Jungen ein Papiertaschentuch aus ihrer Handtasche, und er schnäuzte sich. Der Junge und der Hund benahmen sich ganz gleich, dachte Michele; sie sahen sich um, drehten sich im Kreis, schnüffelten.

«Wie soll ich das Hündchen nennen?», fragte Michele. «Fällt dir was ein? Wie heißt du?»

«Paul, Madame», antwortete der Junge und betrachtete weiter die Wände und das große Sofa.

«Komm! Wir gehen in die Küche. Ich werde dir eine Coca-Cola geben.»

Der Junge und der Hund folgten ihr. Michele stellte dem Hund einen Napf mit Wasser hin und nahm eine Flasche Coca-Cola aus dem Kühlschrank.

Der Junge trank seine Cola aus einem Glas, während

seine Blicke durch die große weiße Küche schweiften; seine Augen erinnerten Michele an offene Fenster oder an die Linse einer Kamera.

«Sie geben dem Hündchen *biftek hâché*, Madame?», fragte der Junge.

Michele schabte das rote Fleisch mit einem Löffel aus dem Einwickelpapier des Schlachters auf eine Untertasse. «Ja, heute schon. Vielleicht jeden Tag ein bisschen. Später kann er dann Dosenfutter kriegen.» Die Kinderaugen fixierten das Fleisch, das sie wieder einpackte. Impulsiv fragte sie: «Möchtest du etwas? Einen Hamburger?»

«Auch ungekocht. O ja – ein kleines bisschen.» Er streckte eine Hand aus – die Nägel waren sehr schmutzig – und nahm, was ihm Michele auf einem Teelöffel entgegenhielt. Paul schob sich das Fleisch in den Mund.

Michele legte das Fleischpäckchen in den Kühlschrank und drückte die Tür fest zu. Der Hunger des Jungen machte sie irgendwie nervös. Natürlich – wenn er arm war, aß die Familie nicht oft Fleisch. Sie wollte ihn nicht danach fragen. Leichter fiel es ihr, ihm einen Augenblick später Kekse aus einer fast vollen Dose anzubieten. «Nimm dir mehrere!» Sie gab ihm die Dose.

Langsam und gelassen aß der Junge sie alle auf, während er mit Michele zusah, wie der kleine Hund die letzten Bröckchen von der Untertasse leckte. Dann nahm Paul die Untertasse hoch und trug sie an den Spülstein.

«Ist das recht, Madame?»

Michele nickte. Charles und sie hatten eine Geschirrspülmaschine und benutzten den Spülstein selten zum Abwaschen. Der Junge steckte jetzt die leere Keksdose in den gelben Abfalleimer. Der Eimer war fast voll, und der Junge fragte, ob er ihn für sie ausleeren könnte. Michele schüttelte leicht den Kopf, erstaunt, als wäre ein Weihnachtsengel zu ihr in die Wohnung gekommen. Der Junge und der kleine weiße Hund! Der Junge so hungrig und er und das Hündchen so jung! «Hier geht's runter. Aber du brauchst das nicht zu tun.»

Der Junge wollte ihr helfen, und so zeigte sie ihm den grauen Plastiksack am Dienstboteneingang, in den er den Abfalleimer ausleeren konnte. Dann gingen sie ins Wohnzimmer zurück und spielten mit dem Hund auf dem Teppich. Michele hatte einen blauen Gummiball gekauft, mit einer Glocke im Innern. Paul rollte den Ball behutsam dem Hund zu. Er hatte es höflich abgelehnt, seinen Mantel auszuziehen oder sich zu setzen. Michele entdeckte Löcher an den Fersen seiner beiden Socken. Die Schuhe waren in noch schlechterem Zustand und aufgerissen zwischen den Sohlen und dem Oberleder. Und die Aufschläge der Blue Jeans waren ausgefranst. Wie konnte es einem Kind in Blue Jeans bei diesem Wetter warm sein?

«Danke schön, Madame», sagte Paul. «Ich werde jetzt gehen.»

«Arr-ruff!», sagte der kleine Hund. Er wollte, dass der Junge ihm den Ball noch einmal zurollte.

Michele war plötzlich so verlegen, als hätte sie einen Erwachsenen aus einem anderen Land und Kulturkreis vor sich. «Ich danke dir für den Besuch, Paul. Und ich wünsche dir ein frohes Fest, für den Fall, dass ich dich nicht mehr sehen sollte.»

Paul sah ebenso unsicher aus. Er verdrehte den Hals und sagte: «Frohe Weihnachten auch für Sie, Madame! Und für dich!» Das war an den kleinen Hund gerichtet. Abrupt wandte er sich der Tür zu.

«Paul – ich möchte dir gern etwas schenken», sagte Michele und folgte ihm. «Vielleicht ein Paar Schuhe? Welche Größe hast du?»

«Ohhh!» War der Junge rot geworden? «Zweiunddreißig. Oder vielleicht dreiunddreißig. Mein Vater sagt, ich wachse.» Er hob auf komische Art den einen Fuß an.

«Was ist dein Vater?» Michele war froh, dass ihr eine praktische Frage eingefallen war.

«Austräger. Er nimmt Flaschen vom Lastwagen runter.» Michele sah im Geist einen kräftigen Mann vor sich, der Kästen mit Mineralwasser, Wein oder Bier von einem großen Lastwagen herunterhob und leere Kisten hinaufschmiss. So was sah sie überall in Paris, jeden Tag; vielleicht hatte sie sogar Pauls Vater schon mal kurz gesehen. «Hast du noch Geschwister?»

«Einen Bruder und zwei Schwestern.»

«Und wo wohnt ihr?»

«Ooch – wir wohnen in einer Kellerwohnung.»

Michele mochte ihn nicht weiter nach der Kellerwohnung fragen, ob sie direkt im Keller oder im Souterrain lag; auch nicht, ob seine Mutter ebenfalls arbeitete. Der Gedanke an ein Geschenk für ihn machte ihr Freude. Schuhe. «Komm morgen gegen elf her! Dann habe ich ein Paar Schuhe für dich.»

Paul sah ungläubig aus und wühlte nervös mit den Händen in den Manteltaschen herum. «Ja, gut. Um elf dann.»

Der Junge wollte gern mit dem Lift allein hinunterfahren, also ließ ihn Michele.

Am nächsten Vormittag schlenderte Michele ein paar Minuten nach elf mit dem Hündchen an der Leine über den Gehweg in der Nähe ihrer Wohnung. Gestern Abend hatten sie und Charles beschlossen, den Hund Ezekiel zu nennen, woraus schon jetzt die Kurzform Zeke geworden war. Plötzlich sah sie Paul und eine kleinere Gestalt neben ihm.

«Meine Schwester, Marie-Jeanne», sagte Paul und blickte mit seinen großen dunklen Augen erst Michele an und dann seine Schwester, deren Hand er Michele zuschob.

Michele nahm die kleine Hand, und sie begrüßten einander. Die Schwester war eine kleinere Ausgabe von Paul, nur mit längerem schwarzem Haar. *Die Schuhe!* Zwei Paar hatte Michele für Paul gekauft. Sie forderte beide Kinder auf, mit nach oben zu kommen. Wieder der Fahrstuhl, die Wohnungstür wurde erneut geöffnet, und das gleiche Staunen stand nun in den Augen der Schwester.

«Probier sie mal an, Paul! Beide Paare!», sagte Michele.

Paul setzte sich auf den Boden und gehorchte, glücklich und aufgeregt. «Sie passen beide! Beide Paare!» Aus Spaß zog er einen rechten und einen linken Schuh an, die nicht zusammengehörten.

Marie-Jeanne interessierte sich mehr für die Wohnung als für die Schuhe.

Michele holte Coca-Cola. Eine Flasche für jeden war wohl genug, dachte sie. Ihr wurde ganz warm ums Herz, als sie die Kinder ansah, aber sie wollte es nicht übertreiben und nicht irgendwie die Kontrolle verlieren. Als sie die Flaschen hereinbrachte, fing Zeke gerade an, an dem einen neuen Schuh zu nagen, und Paul lachte, während seine Schwester eilig den Schuh rettete. Etwas Coca-Cola floss über den Teppich; Michele holte einen Schwamm, und Paul rieb an dem Fleck herum und spülte dann den Schwamm aus.

Dann waren sie plötzlich beide fort, jeder mit einem Schuhkarton unter dem Arm.

An diesem Abend konnte Charles seinen Brieföffner nicht finden. Er lag immer auf seinem Schreibtisch in einem Zimmer, das vom Wohnzimmer abging und Bibliothek und zugleich Charles' Arbeitszimmer war. Er fragte Michele, ob sie ihn vielleicht an sich genommen hatte.

«Nein. Vielleicht ist er runtergefallen?»

«Da habe ich schon nachgesehen», sagte Charles.

Aber sie suchten beide noch einmal. Er war aus Silber, sah wie ein flacher Dolch aus, und der Griff hatte die Form einer eingerollten Schlange.

«Geneviève wird ihn schon irgendwo finden», sagte Michele, aber kaum hatte sie ausgesprochen, da verdächtigte sie Paul – ja, sogar seine Schwester. Heiße Wellen wallten durch ihren Körper, kamen einem Gefühl persönlicher Verlegenheit gleich, als wäre sie verantwortlich für den Diebstahl, der zunächst nur eine Möglichkeit und noch keine Tatsache war. Etwas wie Schuld stieg in ihr auf, als sie einen Blick auf das leicht bekümmerte Gesicht ihres Mannes warf. Er öffnete einen Brief mit dem Daumennagel.

«Und was hast du heute getrieben, Darling?», fragte Charles, nun wieder lächelnd, und legte den Brief in einen Aktendeckel.

Michele erzählte, sie hätte mit der Telefongesellschaft über ihre letzte Rechnung gestritten und gewonnen; das war im Auftrag Charles' geschehen, der die Belastung für ein Ferngespräch angezweifelt hatte. Dann hatte sie beim Friseur hereingeschaut, etwa eine Stunde, und dreimal Zeke ausgeführt. Sie meinte, das Hündchen lernte recht schnell. Von den zwei Paar Schuhen für den Jungen namens Paul erzählte sie Charles nichts, auch nichts von seinem und seiner Schwester Besuch in der Wohnung.

«Und den Kranz habe ich an die Tür gehängt», sagte Michele. «Keine große Arbeit, das weiß ich, aber hast du's bemerkt?»

«Natürlich. Wie hätte ich das übersehen können?» Er umarmte sie und küsste sie auf eine Wange. «Wirklich hübsch, der Kranz, Darling.»

Das war am Sonnabend. Am Sonntag arbeitete Charles ein paar Stunden allein in seinem Büro, wie er es oft tat. Michele kaufte einen kleinen Weihnachtsbaum mit einem X-förmigen Fuß und verbrachte einen Teil des Nachmittags mit dem Schmücken. Sie hatte ihn schließlich auf den Esstisch und nicht auf den Fußboden gestellt, denn der kleine Hund ließ sich nicht davon abbringen, mit dem Tannenbaumschmuck zu spielen. Michele freute sich nicht gerade auf den Pflichtbesuch bei Charles' Eltern am Montag, dem Heiligen Abend, um fünf Uhr. Die Eltern hatten niemals einen Baum; und sogar Charles hielt Weihnachtsbäume für eine dumme, aus England importierte Sitte. Die Eltern wohnten in einem großen alten Miets-haus, ohne Lift, im achtzehnten Arrondissement. Erst wurden die Geschenke ausgetauscht, und dann wurde heißer Rotwein getrunken, von dem Michele immer etwas übel wurde. Der Rest des Abends verlief dann fröhlicher bei ihren Eltern in Neuilly. Gegen Mitternacht gab es dort ein kaltes Buffet mit Sekt, und im Farbfernseher würden sie sehen, wie es überall in der Welt Weihnachten wurde. Das alles erzählte sie Zeke.

«Dein erstes Weihnachten, Zeke! Und du kriegst – ein *Puten*bein!»

Der kleine Hund schien sie zu verstehen; er schoss mit heraushängender Zunge und schalkhaft dreinblickenden schwarzen Augen im Zimmer umher. Und Paul und Marie-

Jeanne? Ob sie jetzt lachten? Paul vielleicht, mit seinen zwei Paar Schuhen. Vielleicht hatte sie vor dem Weihnachtsabend noch so viel Zeit, dass sie eine Bluse für Marie-Jeanne und einen Kuchen für die anderen beiden Geschwister kaufen konnte. Montag ging das; vielleicht sah sie Paul nochmal und konnte ihm die Geschenke geben. Weihnachten – das hieß doch schenken, teilen, in Verbindung treten mit Freunden, Nachbarn und sogar mit Fremden. Mit Paul hatte sie schon angefangen.

«Auuwaoo-waoo», sagte der kleine Hund und kauerte sich nieder.

«Ja – eine Sekunde, Zeke, Liebster!» Michele lief und holte die Leine. Dann warf sie sich eine Pelzjacke um und ging mit Zeke nach draußen. Zeke strebte sofort auf den Rinnstein zu und wurde von Michele gelobt. Das Feinkostgeschäft gegenüber war geöffnet, und Michele kaufte eine Dose Pralinen – das heißt, es war eine prachtvolle Zinndose, die mehr als hundert Francs kostete –, nur weil ihr die rote Schleife auf dem Deckel ins Auge gefallen war.

«Madame – bonjour!»

Wieder mal blickte Michele in Pauls Gesicht, das zu ihr aufsah. Seine Nase war hellrot vor Kälte.

«Frohe Weihnachten noch einmal, Madame!», sagte Paul, lächelte und stampfte mit den Füßen auf. Er trug die neuen braunen Schuhe. Die Hände hatte er in die Taschen gesteckt.

«Möchtest du eine heiße Schokolade?», fragte Michele. Eine Imbissstube war nur wenige Schritte entfernt.

«Nein, danke schön.» Paul wandte schüchtern den Kopf ab.

«Oder eine Suppe?», fragte Michele eifrig. «Komm doch mit nach oben!»

«Ich habe meine Schwester bei mir.» Paul wandte sich schnell um, steif vor Kälte, und im gleichen Augenblick kam Marie-Jeanne aus der Imbissstube gelaufen.

«Ah, bonjour, Madame!» Marie-Jeanne lachte. Sie trug eine blaue Strohtasche, die leer aussah, aber sie machte sie auf und zeigte den Inhalt ihrem Bruder. «Zwei Päckchen. Ist doch richtig? Zigaretten für meinen Vater», sagte sie zu Michele.

«Wollt ihr ein paar Minuten mit mir raufkommen und meinen Weihnachtsbaum ansehen?» Die Flamme der Hilfsbereitschaft loderte immer noch stark in Michele. Warum sollte sie diesen beiden nicht ein Schüsselchen heiße Suppe und ein paar Süßigkeiten geben?

Sie kamen mit. In der Wohnung stellte Michele das Radio auf London ein, das Weihnachtslieder sendete. Genau das Richtige! Marie-Jeanne hockte sich vor den Weihnachtsbaum und schwatzte mit ihrem Bruder über die vielen hübschen Päckchen, die darunter lagen, den Baumschmuck und die kleinen Geschenke, die in den Zweigen hingen. Michele wärmte inzwischen eine Dose Erbsensuppe, der sie die gleiche Menge an Milch hinzugefügt hatte. Schön nahrhaft. Die englischen Chorknaben sangen ein französisches Weihnachtslied, in das sie alle mit einstimmten.

Il est né le divin enfant
Chantez hautbois, résonnez musettes ...

Dann waren sie wieder, wie neulich, ganz plötzlich fort. Ihr Lachen und Schwatzen ... Zeke bellte, als wolle er sie zurückrufen, und Michele saß da und musste die leeren Suppenschüsseln und das zerknüllte Schokoladenpapier wegräumen. Spontan hatte sie den beiden den schönen Pralinenkasten für zu Hause geschenkt. In ein paar Minuten musste Charles kommen. Michele hatte die Küche aufgeräumt und ging gerade ins Wohnzimmer, als sie das Klicken der Fahrstuhltür und Charles' Schritt auf dem Treppenhausflur hörte und im gleichen Moment auf dem Kaminsims eine Lücke wahrnahm. Die Uhr! Charles' Ormoulu-Uhr! Sie konnte nicht weg sein! Aber sie *war* weg.

Ein Schlüssel wurde im Schloss umgedreht, die Tür ging auf.

Michele ergriff einen Karton – gelb verpackt, Hausschuhe für Charles – und stellte ihn auf den Platz, wo die Uhr gestanden hatte.

«Hallo, Darling!», sagte Charles und gab ihr einen Kuss.

Charles wollte eine Tasse Tee trinken. Die Temperatur war gesunken, und er hatte sich fast erkältet, als er eben auf ein Taxi warten musste. Michele machte Tee für sie beide und versuchte, sich so zu setzen, dass Charles gezwungen war, in einem Sessel Platz zu nehmen, der mit dem Rücken zum Kamin stand, aber das klappte nicht; Charles setzte sich in einen anderen Sessel als den, den sie bestimmt hatte.

«Was bedeutet denn das Geschenk da oben?», fragte Charles. Er meinte das gelbe Paket. Charles hatte Sinn für Ordnung. Immer noch gut gelaunt, trat er lächelnd an den Kaminsims. Er nahm das Paket, wandte sich zum Weihnachtsbaum um und blickte dann zurück zum Kaminsims. «Und wo ist die Uhr? Hast du sie weggenommen?»

Michele presste die Zähne zusammen. Allzu gern hätte sie gelogen und gesagt: Ja, sie hätte sie in einen Schrank gestellt, um Platz für die Weihnachtsdekoration auf dem

Kaminsims zu haben. Aber wäre das einleuchtend? «Nein, ich ...»

«Ist was los mit der Uhr?» Charles' Gesicht war ernst geworden, als erkundige er sich nach dem Gesundheitszustand eines geliebten Angehörigen.

«Ich weiß nicht, wo sie ist», sagte Michele.

Charles senkte die Brauen. Sein Körper straffte sich. Er warf das leichte Paket auf den Tisch mit dem Weihnachtsbaum. «Hast du den Jungen nochmal getroffen? Hast du ihn hier raufkommen lassen?»

«Ja, Charles. Ja – ich weiß ...»

«Und war er vielleicht heute schon das zweite Mal hier?»

Michele nickte. «Ja.»

«Herrgott nochmal, Michele! Dahin ist also auch mein Brieföffner verschwunden, stimmt's? Aber die Uhr! Himmel nochmal, die ist doch noch um einiges wichtiger! Wo wohnt dieser Junge?»

«Das weiß ich nicht.»

Charles machte einen Schritt auf das Telefon zu und blieb dann stehen. «Wann war er hier? Heute Nachmittag?»

«Ja, es ist noch keine Stunde her, Charles, es tut mir wirklich ganz schrecklich Leid!»

«Er kann nicht weit von hier wohnen. Wie konnte er das tun – mit dir hier im Zimmer?»

«Seine Schwester war auch mit hier.» Michele hatte ihr gezeigt, wo das Badezimmer war. Natürlich hatte Paul die Uhr in dieser Zeit genommen und sie in den Einkaufsbeutel gesteckt.

Charles verstand und nickte zornig. «Nun, das versetzen sie jetzt, und dann können sie schön Weihnachten feiern. Von den beiden sehen wir in den nächsten Tagen keinen hier wieder – falls überhaupt je. Wie konntest du solche Strolche ins *Haus* bringen?»

Michele zögerte. Charles' Zorn hatte sie erschreckt. Es war ein Zorn, der gegen sie gerichtet war. «Sie froren und sie waren hungrig – und arm.» Sie sah ihrem Mann in die Augen.

«Das war mein Vater auch, als er die Uhr erstand», sagte Charles langsam.

Das wusste Michele. Die Ormoulu-Uhr war Stolz und Freude der Familie Clément, seit Charles etwa zwölf gewesen war. Die Uhr war das einzig hübsche Stück in ihrem Arbeiterhaushalt. Sie war Michele gleich beim ersten Mal aufgefallen, als sie die Cléments besuchte, denn der Rest der Einrichtung war schrecklicher *style rustique*, billiger Lack und Resopal. Und Charles' Vater hatte ihnen die Uhr zur Hochzeit geschenkt.

«Dreckschwein», murmelte Charles. Er zog an seiner Zigarette und blickte auf die Lücke auf dem Kaminsims. «Du kennst solche Leute wahrscheinlich nicht, meine liebe Michele, aber ich kenne sie. Ich bin mit ihnen aufgewachsen.»

«Dann könntest du wirklich mehr Mitgefühl haben! Charles, wenn wir die Uhr nicht zurückkriegen, kaufe ich uns eine neue, so ähnlich wie irgend möglich. Ich weiß genau, wie sie aussah.»

Charles schüttelte den Kopf, schloss fest die Augen und wandte sich ab.

Michele ging hinaus und nahm das Teegeschirr mit. Es war das erste Mal, dass sie Charles den Tränen nahe gesehen hatte.

Charles wollte nicht mitgehen zu der Dinnerparty, zu

der sie abends eingeladen waren. Er meinte, Michele sollte allein gehen und für ihn eine Ausrede finden. Zuerst sagte Michele, sie würde auch zu Hause bleiben, dann änderte sie ihren Entschluss und zog sich um.

«Ich weiß nicht, was du dagegen hast, dass ich eine neue Uhr kaufe», sagte Michele. «Ich kann nicht einsehen ...»

«Wahrscheinlich wirst du es wohl niemals einsehen», sagte Charles.

Michele kannte Bernard und Yvonne Petit schon lange. Sie war schon mit beiden befreundet gewesen, bevor sie Charles heiratete. Michele hätte Yvonne die Geschichte von der Uhr sehr gern erzählt, aber so was konnte man nicht erzählen, wenn man um acht beim Essen saß; und als dann der Kaffee serviert wurde, war sie zu der Ansicht gekommen, es wäre das Beste, gar nichts zu erzählen: Charles hatte sich ernsthaft aufgeregt, und schuld daran war sie. Doch beim Abschied fragte Yvonne sie, ob sie etwas auf dem Herzen hätte, was Michele erleichtert zugab. Sie ging mit Yvonne in die Bibliothek, die sehr ähnlich war wie die in ihrer eigenen Wohnung, und erzählte die Geschichte mit wenigen Worten.

«Du, wir haben genau die Uhr *hier*, die du brauchst!», sagte Yvonne. «Bernhard hat sie gar nicht mal gern. Das klingt schrecklich, wenn man es so sagt, nicht wahr? Aber liebste Michele, die Uhr steht hier. Schau!» Yvonne schob ein paar Einladungskarten zur Seite, sodass man die Uhr mit dem flachen Sockel deutlich auf dem Kaminsims stehen sah; sie hatte schwarze Zeiger, und das runde Zifferblatt war gekrönt mit einer Tiara aus vergoldeten Zierknäufen und Schnörkeln.

Tatsächlich war die Uhr der gestohlenen sehr ähnlich. Während Michele noch zögerte, holte Yvonne schon Zeitungspapier und einen Plastikbeutel aus der Küche und verpackte die Uhr fest. Sie drückte sie Michele in die Hand und sagte: «Ein Weihnachtsgeschenk.»

«Aber hier geht es um das Prinzip. Ich kenne Charles, und du auch, Yvonne. Wenn die gestohlene Uhr aus meiner Familie stammte, auch wenn ich sie mein Leben lang gekannt hätte, für mich wäre das nicht so wichtig.»

«Ich weiß, ich weiß.»

«Tatsache ist, dass die Kinder arm waren – und dass Weihnachten ist. Ich habe sie mit raufgenommen, zuerst Paul allein. Einfach mit anzusehen, wie ihre Augen aufleuchteten, das war schon ganz wunderbar für mich. Sie waren so dankbar für ein Schüsselchen Suppe. Paul hat mir erzählt, sie wohnen irgendwo im Keller.»

Yvonne hörte zu, obgleich Michele ihr alles schon zum zweiten Mal erzählte. «Stell die Uhr einfach auf den Kaminsims, wo die andere gestanden hat – und hoffe das Beste!» Yvonne sprach mit zuversichtlichem Lächeln.

Als Michele mit dem Taxi zu Hause ankam, war Charles im Bett und las. Michele packte die Uhr in der Küche aus und stellte sie auf den Kaminsims. Erstaunlich, wie sehr sie der anderen glich! Hinter seiner Zeitung verborgen, erklärte Charles, er hätte Zeke vor einer halben Stunde nach draußen geführt. Weiter sagte er nichts, und Michele versuchte nicht, mit ihm zu reden.

Am nächsten Morgen – Heiligabend – erblickte Charles die neue Uhr auf dem Kaminsims, als er aus der Küche – wo er und Michele gerade gefrühstückt hatten – ins Wohnzimmer kam. Empörung stand in seinen Augen, als er sich zu Michele umwandte. «Also Michele – das reicht.»

«Yvonne hat sie mir geschenkt. *Uns* geschenkt. Ich

dachte – nur für Weihnachten . . .» Was hatte sie denn gedacht? Wie hatte sie den Satz beenden wollen?

«Du verstehst *überhaupt* nichts», sagte er bestimmt. «Ich habe gestern Abend eine Beschreibung der Uhr an die Polizei gegeben. Ich bin aufs Polizeirevier gegangen, und ich habe vor, die Uhr zurückzubekommen! Ich habe sie auch über den Jungen informiert, der ‹ungefähr zehn› ist, und über seine Schwester, die beide irgendwo hier in der Gegend in einem Keller wohnen.»

Charles sprach, als hätte er einem furchtbaren Feind den Krieg erklärt. Michele kam das absurd vor. Als Charles dann im Ton kaum unterdrückter Wut weiterredete von Unehrlichkeit, von milden Gaben an Verantwortungslose, an Leute, die sie nicht verdient hatten und sich auch gar nicht bemühten, sie zu verdienen, von Rowdys und ihrer Verachtung für das Privateigentum, da begann Michele zu verstehen. Für Charles war es, als hätte man seine Festung gestürmt und als wäre der Feind von seiner eigenen Frau hereingelassen worden – und als stünde sie auf der anderen Seite. Bist du vielleicht Kommunist?, hätte Charles fragen können, aber das tat er nicht. Michele betrachtete sich nicht als Kommunistin und hatte es auch niemals getan.

«Ich finde einfach, die Reichen müssten teilen», unterbrach sie ihn.

«Seit wann sind wir denn reich – wirklich reich, meine ich?», erwiderte Charles. «Ja, ich weiß. Deine Familie ist reich, und du bist daran gewöhnt. Du hast die Einstellung geerbt. Es ist nicht deine Schuld.»

Warum um Himmels willen sollte es ihre Schuld sein?, fragte sich Michele. Sie begann sich jetzt sicherer zu fühlen. Oft genug hatte sie in Büchern und Zeitungen gelesen, man müsste die Reichtümer in diesem Jahrhundert aufteilen, sonst würde es schlimm enden. «Ja – und was die Kinder betrifft, so würde ich dasselbe nochmal tun», sagte sie.

Charles' Wangen bebten vor Erbitterung. «Sie haben uns beleidigt! Das war Diebstahl!»

Micheles Gesicht begann zu glühen. Sie verließ das Zimmer, jetzt ebenso erzürnt wie Charles. Aber sie spürte, sie hatte einen Pluspunkt. Mehr als das, sie war im Recht. Sie müsste es nun in Worte fassen, sich ihre Argumente zurechtlegen. Ihr Herz schlug schnell. Sie blickte auf die offene Schlafzimmertür und erwartete Charles zu sehen, erwartete seine Stimme, die sie bat zurückzukommen. Alles blieb still.

Charles ging eine halbe Stunde später in sein Büro und erklärte, er werde wahrscheinlich nicht vor halb vier zurück sein. Zwischen vier und fünf sollten sie zu seinen Eltern gehen. Michele rief Yvonne an, und im Laufe der Unterhaltung wurden ihre Gedankengänge klarer, und der langsame Tränenstrom versiegte.

«Ich finde Charles' Haltung falsch», sagte Michele.

«Aber das darfst du einem Mann nicht sagen, liebe Michele. Sei nur vorsichtig!»

Nachmittags um vier begann Michele ein taktvolles Gespräch mit Charles. Sie fragte ihn, ob ihm die Verpackung des Geschenks für seine Mutter gefiele. Das Päckchen enthielt die weiße Tischdecke, die sie Charles schon gezeigt hatte.

«Ich gehe nicht mit. Ich kann nicht.» Und über Micheles Protest hinweg: «Glaubst du denn, ich kann meinen Eltern gegenübertreten und zugeben, dass die Uhr gestohlen ist?»

Warum musste er denn die Uhr erwähnen? Es sei denn,

er hatte vor, das Weihnachtsfest zu verderben, dachte Michele. Aber sie wusste, es hatte keinen Zweck, ihn zum Mitkommen zu überreden, und gab es daher auf. «Dann gehe ich – und nehme die Geschenke mit.» So geschah es. Sie ging und überließ Charles seinem Groll und dem Warten auf einen möglichen Anruf von der Polizei, wie er gesagt hatte.

Michele war gegangen, beladen mit den Geschenken für Charles' Eltern und auch mit denen für ihre eigenen Eltern. Charles hatte gesagt, er werde etwa um acht in der Wohnung ihrer Eltern in Neuilly erscheinen. Aber er kam nicht. Micheles Eltern rieten ihr, Charles anzurufen; vielleicht war er eingeschlafen, oder er hatte gearbeitet und die Zeit darüber vergessen. Aber Michele rief ihn nicht an. Bei ihren Eltern war alles so schön und fröhlich – ihr Baum, die Sektbehälter, ihre schönen Geschenke, darunter ein Reiseschirm im Lederetui. Charles und die Uhrgeschichte zeichneten sich wie ein drohender, garstiger schwarzer Schatten im goldenen Glanz des Wohnzimmers ihrer Eltern ab. Michele kam noch einmal mit der ganzen Geschichte heraus.

Ihr Vater lachte. «Ja, ich glaube, ich erinnere mich an die Uhr. Nichts weiter Fabelhaftes. War schließlich nicht von Cellini.»

«Aber der Gefühlswert, Edouard», sagte Micheles Mutter. «Schade, dass es gerade zu Weihnachten passieren musste. Und es war leichtsinnig von dir, Michele. Aber – ja, da gebe ich dir Recht, es waren einfach kleine Straßengören, und die Versuchung war groß.»

Michele fühlte sich noch weiter gestärkt.

«Nicht das Ende der Welt», murmelte Edouard und füllte die Gläser von neuem mit Sekt.

Am nächsten Tag, dem ersten Weihnachtstag, und auch am Tag darauf dachte Michele an die Worte ihres Vaters. Es war nicht das Ende der Welt, aber das Ende von etwas. Die Polizei hatte die Uhr nicht gefunden, doch Charles war der Ansicht, man würde sie finden. Er hatte, wie er Michele versicherte, recht energisch mit ihnen gesprochen und ihnen eine farbige Zeichnung der Uhr, die er selbst mit vierzehn angefertigt hatte, vorgelegt.

«Natürlich werden die Diebe sie nicht sofort versetzen», sagte Charles zu Michele, «aber in die Seine schmeißen sie sie auch nicht. Über kurz oder lang werden sie versuchen, sie zu Geld zu machen, und dann nageln wir sie fest.»

«Offen gestanden, ich finde deine Haltung unchristlich und grausam», sagte Michele.

«Und ich finde deine Haltung – dumm.»

Es war nicht das Ende der Welt, aber es war das Ende ihrer Ehe. Keine späteren Worte, keine Umarmung – falls es je wieder dazu kam – konnten bei Michele diese Bemerkung ihres Mannes wieder gutmachen. Und ebenso stark spürte sie in Charles' Herzen und in seinen Gedanken eine tiefe Abneigung, eine echte Aversion gegenüber seiner Frau. Und sie bei ihm? War das nicht ein ganz ähnliches Gefühl? Charles hatte etwas verloren, das Michele als «human» bezeichnete – wenn er es je besessen hatte. Mit seinem ärmeren, weniger privilegierten Hintergrund hätte Charles mehr Mitgefühl als sie aufbringen müssen, dachte Michele. Was war Unrecht, und was war Recht? Sie war verwirrt, wie es zuweilen geschah, wenn sie versuchte, die Verse von Weihnachtsliedern oder von Gedichten zu ergründen, die man auf verschiedene Weisen auslegen konnte; doch das Herz oder das Gefühl suchte und fand wohl immer seinen eigenen Weg, wie das ihre es getan hatte. Und war das nicht richtig? War es nicht richtig, Verzeihung zu üben, besonders zu dieser Zeit im Jahr?

Ihre Freunde und Eltern rieten zur Geduld. Sie sollten sich eine Woche oder so trennen. Weihnachten machte die Menschen immer nervös. Michele könnte zu Yvonne und Bernard kommen und eine Weile dort bleiben, was sie auch tat. Dann konnten sie und Charles noch einmal miteinander reden, was sie auch taten. Doch es änderte sich nichts – gar nichts.

Vier Monate später waren Michele und Charles geschieden. Und die Uhr hat die Polizei nie gefunden.

Gerhard Polt

Schöne Bescherung

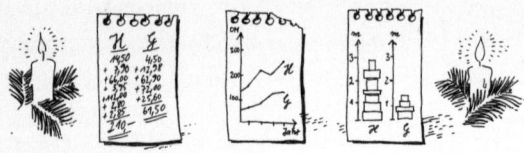

Wie man weiß, ist der Höhepunkt des Heiligen Abends die Bescherung. Der Zeitpunkt, wann sie stattfindet, kann variieren. Sie kann stattfinden vor der Weihnachtsansprache des bayerischen Ministerpräsidenten oder auch nachher, das wäre dann vor der Rede des Bundeskanzlers und der des Bundespräsidenten. Manche Menschen bescheren erst, nachdem sie alle Reden zu sich genommen haben und der wahre Weihnachtsfrieden dann echt eingekehrt ist. Für ein Kind ist besagter Zeitpunkt Weichen stellend, und gar schicksalhaft kann sich die Dramaturgie eines Heiligen Abends auf das individuelle Glück eines solchen auswirken.

Ich wohnte im dritten Stock, und unter mir im zweiten – genau unter mir – wohnte mein Kindkollege Herbert K.

Unwiderruflich war es Heiliger Abend geworden. Durch die Zimmerdecke des Altbaus drangen die Entzückensschreie meines Spezis. Es wurde beschert.

«Ja hört das denn gar nicht mehr auf!», dachte ich gequält und vergaß fast, dass ich selber ja die Bescherung noch vor mir hatte. Mich überfiel eine abgesicherte Ahnung, dass dieses Fest so ablaufen würde wie jedes

Jahr, und ich fing an zu schwitzen. Kaum waren die Freudenschreie unten versickert, ging's bei mir oben los. Nur, fürchte ich, nicht so lang.

Der Baum brennt. Ich selbst, im Taumel der Beschorenheit, zähle nochmal die Leistungen des Christkinds nach – da klingelt's auch schon an der Türe. Ich zucke zusammen, atme durch und öffne. Unvermeidlich wie eine Naturkatastrophe steht er vor mir, der Herbert K., mit strengem, prüfendem Blick, einen Notizblock und einen Bleistift in der Hand.

«Und?», fragt er. «Wie schaut's aus heuer?»

«Äh ... sehr gut!», antworte ich windelweich. «Doch ... ziemlich gut!»

«Na ja, dann schaun mer amal!», sagt er und betritt wie ein Gerichtsvollzieher unser Weihnachtszimmer. Ich reihe alle Präsente auf, lüfte auf Wunsch manche Verpackung, um eine realistische Preisvorstellung zu ermöglichen.

Herbert K. notiert.

«Da hab ich noch eine Weiche für die Eisenbahn!», sage ich mit enger Stimme.

«Die hab ich schon!», kommt die trockene Antwort. «Ist das alles?»

«Na ja, ist doch nicht schlecht, oder?», höre ich mich, verzweifelt Zustimmung heischend, sagen. Doch Herbert K. rechnet bereits, flink wie in der Schule.

«Einundsechzigmarkfünfzig! Viel mehr wie voriges Jahr ist es auch nicht!», konstatiert er.

Ich weiß, dass er Recht hat. Besondere ökonomische Kausalitäten meiner Familie haben sich heuer folgenschwer fürs Christkind ausgewirkt.

«So, jetzt gehma nunta!», fordert Herbert. Stumm folge ich in den zweiten Stock. Schweren Herzens betrete ich den festlichen Raum. Die Präsente sind pyramidenartig aufgetürmt. Wortlos drückt mir mein Freund das bereits vorbereitete Notizblatt in die Hand.

«Du kannst alles nachkontrollieren! Zweihundertzehnmark gradaus!»

«Nein, nein, ich glaub's schon!», winke ich ab. Da erhellt ein Hoffnungsstrahl meine Gedanken.

«Du, ich hab's fast vergessen! Ich krieg noch fünfzig Mark von einem Onkel, wenn er kommt!»

Unerbittlich werde ich abgeschmettert. «Was nicht unterm Baum liegt, wird nicht berechnet!»

Da hatte ich die Bescherung. Im Radio beendete der Ministerpräsident gerade seine Ansprache und wünschte allen – auch den Kindern – fröhliche Weihnachten. Bis zum nächsten Jahr.

Erwin Strittmatter

Der Weihnachtsmann in der Lumpenkiste

In meiner Heimat gingen am Andreastage, dem 30. November, die Ruprechte von Haus zu Haus. Die Ruprechte, das waren die Burschen des Dorfes, in Verkleidungen, wie sie die Bodenkammern und die Truhen der Altenteiler, der Großeltern, hergaben. Die rüden Burschen hatten bei diesen Dorfrundgängen nicht den Ehrgeiz, friedfertige Weihnachtsmänner zu sein. Sie drangen in die Häuser wie eine Räuberhorde, schlugen mit Birkenruten um sich, warfen Äpfel und Nüsse, auch Backobst in die Stuben und brummten wie alte Bären: «Können die Kinder beten?»

Die Kinder beteten, sie beteten vor Furcht kunterbunt: «Müde bin ich, geh zur Ruh ... Komm, Herr Jesu, sei unser Gast ... Der Mai ist gekommen ...» Lange Zeit glaubte ich, dass das Eigenschaftswort «ruppig» von Ruprecht abgeleitet wäre.

Wenn die Ruprechthorde die kleine Dorfschneiderstube meiner Mutter verließ, roch es in ihr noch lange nach verstockten Kleidungsstücken, nach Mottenpulver und reifen

Äpfeln. Meine kleine Schwester und ich waren vor Furcht unter den großen Schneidertisch gekrochen. Die Tischplatte schien uns ein besserer Schutz als unsere Gebetchen zu sein, und wir wagten lange nicht hervorzukommen, noch weniger das Dörrobst und die Nüsse anzurühren.

Diese Verängstigung konnte wohl auch unsere Mutter nicht mehr mit ansehen, denn sie bestellte im nächsten Jahr die Ruprechte ab. Oh, was hatten wir für eine mächtige Mutter! Sie konnte die Ruprechte abbestellen und dafür das Christkind einladen.

Jahrsdrauf erschien bei uns also das Christkind, um die Ruppigkeit der Ruprechte auszutilgen. Das Christkind trug ein weißes Tüllkleid und ging in Ermangelung von heiligweißen Strümpfen – es war im Ersten Weltkrieg – barfuß in weißen Brautschuhen. Sein Gesicht war von einem großen Strohhut überschattet, dessen breite Krempe mit Wachswatte-Kirschen garniert war. Vom Rande der Krempe fiel dem Christkind ein weißer Tüllschleier übers Gesicht. Das HOLDE HIMMELSKIND sprach mit piepsiger Stimme und streichelte uns sogar mit seinen Brauthandschuhhänden. Als wir unsere Gebete abgerasselt hatten, wurden wir mit gelben Äpfeln beschenkt. Sie glichen den Goldparmänen, die wir als Wintervorrat auf dem Boden in einer Strohschütte liegen hatten. Das sollten nun Himmelsäpfel sein? Wir bedankten uns trotzdem artig mit DIENER und KNICKS, und das Christkind stakte gravitätisch auf seinen nackten Heiligenbeinen in Brautstöckelschuhen davon.

Meine Mutter war zufrieden. «Habt ihr gesehn, wie's Christkind aussah?»

«Ja», sagte ich, «wie Buliks Alma, wenn sie hinter einer Gardine hervorlugt.»

Buliks Alma war die etwa vierzehnjährige Tochter aus dem Nachbarhause. An diesem Abend sprachen wir nicht mehr über das Christkind.

Vielleicht kam die Mutter wirklich nicht ohne den Weihnachtsmann aus, wenn sie sich tagsüber die nötige Ruhe in der Schneiderstube erhalten wollte. Jedenfalls erzählte sie uns nach dem missglückten Christkindbesuch, der Weihnachtsmann habe nunmehr seine Werkstatt über dem Bodenzimmer unter dem Dach eingerichtet. Das war eine dunkle, geheimnisvolle Ecke des Häuschens, in der wir noch nie gewesen waren. Eine Treppe führte nicht unter das Dach. Eine Leiter war nicht vorhanden. Die Mutter wusste geheimnisvoll zu berichten, wie sehr der Weihnachtsmann dort oben nachts, wenn wir schliefen, arbeitete, sodass uns das Herumtollen und Plappern vergingen, weil sich der Weihnachtsmann bei Tage ausruhen und schlafen musste.

Eines Abends vor dem Schlafengehn hörten wir den Weihnachtsmann auch wirklich in seiner Werkstatt scharwerken, und die Mutter war sicher dankbar gegen den Wind, der ihr beim Märchenmachen half.

«Soll der Weihnachtsmann Tag für Tag schlafen und Nacht für Nacht arbeiten, ohne zu essen?»

Diese Frage stellte ich hartnäckig.

«Wenn ihr artig seid, isst er vielleicht einen Teller Mittagessen von euch», entschied die Mutter.

Also erhielt der Weihnachtsmann am nächsten Tage einen Teller Mittagessen. Mutter riet uns, den Teller an der Tür des Bodenstübchens abzustellen. Ich gab meinen Patenlöffel dazu. Sollte der Weihnachtsmann mit den Fingern essen?

Bald hörten wir unten in der Schneiderstube, wie der

Löffel im Teller klirrte. Oh, was hätten wir dafür gegeben, den Weihnachtsmann essen sehen zu dürfen! Allein, die gute Mutter warnte uns, den alten wunderlichen Mann zu vergrämen, und wir gehorchten.

Von nun an wurde der Weihnachtsmann täglich von uns beköstigt. Wir wunderten uns, dass Teller und Löffel, wenn wir sie am späten Nachmittag vom Boden holten, blink und blank waren, als wären sie durch den Abwasch gegangen. Der Weihnachtsmann war demnach ein reinlicher Gesell, und wir bemühten uns, ihm nachzueifern. Wir schabten und kratzten nach den Mahlzeiten unsere Teller aus, und dennoch waren sie nicht so sauber wie der Teller des HEILIGEN MANNES auf dem Dachboden.

Nach dem Mittagessen hatte ich als Ältester, um meine Mutter in der nähfädelreichen Vorweihnachtszeit zu entlasten, das wenige Geschirr zu spülen, und meine Schwester trocknete es ab. Da der Weihnachtsmann sein Essgeschirr in blitzblankem Zustande zurücklieferte, versuchte ich, ihm auch das Abwaschen unseres Mittagsgeschirrs zu übertragen. Es glückte. Ich ließ den Weihnachtsmann für mich abwaschen, und meine Schwester war nicht böse, wenn sie die zerbrechlichen Teller nicht abzutrocknen brauchte.

War's Forscherdrang, der mich zwackte, war's, um mich bei dem Alten auf dem Dachboden beliebt zu machen, ich begann ihm außerdem auf eigene Faust meine Aufwartungen zu machen.

Bald wusste ich, was ein Weihnachtsmann gern aß: Von einem Rest Frühstücksbrot, den ich ihm hinaufgetragen hatte, aß er nur die Margarine herunter. Der Großvater schenkte mir ein Zuckerstück, eine rare Sache in jener Zeit. Ich brachte das Naschwerk dem Weihnachtsmann. Er verschmähte es. Oder mochte er es nur nicht, weil ich es schon angeknabbert hatte? Auch einen Apfel ließ er liegen, aber eine Maus aß er. Dabei hatte ich ihm die tote Maus nur in der Hoffnung hingelegt, er würde sie wieder lebendig machen; hatte er nicht im Vorjahr einen neuen Schweif an mein altes Holzpferd wachsen lassen?

So, so, der Weihnachtsmann aß also Mäuse! Vielleicht würde er sich auch über Heringsköpfe freuen. Ich legte drei Heringsköpfe vor die Tür der Bodenstube, und da mein Großvater zu Besuch war, hatte ich sogar den Mut, mich hinter der Lumpenkiste zu verstecken, um den Weihnachtsmann bei seiner Heringskopfmahlzeit zu belauschen. Mein Herz pochte in den Ohren. Lange brauchte ich nicht zu warten, denn aus der Lumpenkiste sprang – murr, marau – unsere schwarzbunte Katze.

Ich schwieg über meine Entdeckung und ließ fortan meine Schwester den Teller Mittagessen allein auf den Boden bringen.

Bis zum Frühling bewahrte ich mein Geheimnis, aber als in der Lumpenkiste im Mai, da vor der Haustür der Birnbaum blühte, vier Kätzchen umherkrabbelten, teilte ich meiner Mutter dieses häusliche Ereignis so mit: «Mutter, Mutter, der Weihnachtsmann hat Junge!»

Kirsten Boie

Der Heilige Tag

D er längste Tag im ganzen Jahr ist immer der Heiligabend. Wenn man morgens aufwacht, ist es noch
dunkel, und dann muss man warten, bis es hell und wieder dunkel wird. Dann ist Bescherung.

Und Spielen macht am Heiligen Abend auch keinen
Spaß, weil man so aufgeregt ist, und Fernsehen kann man
nicht gucken, weil das Wohnzimmer abgeschlossen ist,
und Schlitten fahren wie die Kinder auf den Weihnachts-
karten kann man auch nicht, weil natürlich wieder kein
Schnee liegt.

«Wenn ich groß bin, zieh ich nach Amerika», sagt Jesper beim Frühstück düster. In den Ferien frühstückt er
immer im Schlafanzug. «Da gibt es die Geschenke schon
morgens.»

«Ehrlich wahr, Jesper, gibt's die schon morgens?»,
fragt Janna. Sie hat noch kein bisschen von ihrem Brötchen gegessen, obwohl es heute ausnahmsweise Nuss-
schoko-Creme gibt. Wenn man aufgeregt ist, kann man
nicht essen.

«In Amerika schon», sagt Jesper. «Im Strumpf. Und der hängt am Kamin.»

«Und wenn man keinen Kamin hat?», fragt Janna erschrocken. «Wie wir?»

Jesper denkt einen Augenblick nach. «Dann hängt der vielleicht an der Heizung», sagt er. «Schon morgens. In Amerika.»

Janna zieht nachdenklich mit ihrem kleinen Finger eine Furche durch die Schokoladencreme auf dem Brötchen. Dann leckt sie ihn ab.

«Da will ich trotzdem nicht sein», sagt sie. «Wenn es da nur einen Strumpf voll gibt. Da passen ja nur ganz kleine Geschenke rein.»

Daran hat Jesper noch gar nicht gedacht. Aber vielleicht ist es dann doch besser, bis zum Nachmittag zu warten, und dafür gibt es was Ordentliches.

«Und nun zieht euch mal ganz schnell an!», sagt Mama. Sie hat eine Schürze um und sieht noch kein bisschen weihnachtlich aus. «Wir müssen noch so viel erledigen! Da brauch ich doch eure Hilfe.»

Sonst findet Jesper es eigentlich meistens gar nicht so gut, wenn Mama seine Hilfe braucht. Abtrocknen oder Selters aus dem Keller holen oder Tisch decken, zum Beispiel. Aber Heiligabend ist es besser als gar nichts. Da weiß man wenigstens, was man tun kann.

Darum zieht Jesper sich auch ganz fix an, aber natürlich ist Janna trotzdem mal wieder schneller, und Jule ist sowieso schon längst angezogen. Jule ist auch kein bisschen aufgeregt. Sie sitzt mit Anna-Pouchette unter dem Küchentisch und wäscht sie mit dem Küchenschwamm.

«Also, als Erstes den Kartoffelsalat», sagt Mama und

stellt eine große Schüssel auf den Tisch. «Ich hab schon alles gepellt.»

Am Heiligabend gibt es mittags immer Kartoffelsalat, und immer schnippeln sie ihn erst am Morgen, obwohl Mama seufzt und sagt, dass er eigentlich besser durchzieht, wenn man ihn schon am Abend vorher macht.

Aber sie braucht ja Jesper und Janna zum Helfen, und das können sie wohl kaum in der Nacht tun.

«Und schön dünn schneiden!», sagt Mama. «Und nicht in die Finger!» Dann gibt sie Jesper und Janna jedem ein Brett und ein Messer und geht, um die Betten zu machen.

Im Radio spielen sie jetzt lauter Weihnachtslieder, und Jesper und Janna schneiden Kartoffeln, und unter dem Tisch haut Jule Pouchette mit dem Schwamm auf den Kopf. Es ist richtig schön weihnachtlich.

«Denkt euch, ich habe das Christkind gesehn!», sagt Janna und schiebt ihre Kartoffelscheiben mit dem Messer in die Schüssel. «Es kam aus dem Walde, das Mützchen voll Schnee ...»

«Du wolltest das nicht sagen!», sagt Jesper böse. Nun hat er sich so viel Mühe mit dem Krippenspiel gegeben, und dann fängt Janna doch wieder an. «Wir machen das Krippenspiel!»

«*Und* das Gedicht!», sagt Janna energisch. «Beides ... mit rot gefrorenem Näschen! Die kleinen Händchen taten ihm weh ...!»

«Sagst du nicht!», schreit Jesper böse. «Sagst du nicht!»

«Denn es trug einen Sack!», sagt Janna, und jetzt schneidet sie gar keine Kartoffeln mehr. Jetzt guckt sie nur immerzu Jesper an, und sie lächelt dabei. «Der war gar schwer! Rumpelte und pumpelte hinter ihm her ...»

«Sagst du nicht!», schreit Jesper verzweifelt. «Sagst du nicht!»

Aber Janna lächelt nur weiter. «Was drinnen war, möchtet ihr wissen?», sagt sie, und sie kann es sogar mit Betonung. «Ihr Naseweise! Ihr Schelmenpack! Denkt ihr ...»

Da gibt Jesper ihr einen Stoß, und Janna brüllt, und Mama kommt und fragt, ob sie verrückt geworden sind, sich zu streiten, am Heiligabend und noch dazu mit einem Messer in der Hand. Da kann doch wer weiß was passieren.

Dann entdeckt sie Jule unter dem Tisch, und sie nimmt ihr den Küchenschwamm weg, aber Pouchette hat trotzdem schon überall nasse Stellen auf dem Kleid und sogar im Gesicht. Aber bestimmt kann sie trotzdem noch Jesus sein.

«Na denn!», sagt Mama grimmig. «Jetzt weiß ich mal wieder, dass Weihnachten ist.»

Aber dann holt sie tief Luft. «Mit den Kartoffeln seid ihr ja fleißig gewesen!», sagt sie. «Vielen Dank! Die sind ja schon fast alle geschnitten. Janna, dann kannst du den Rest auch alleine schaffen, oder? Jesper muss mir nämlich jetzt schon was anderes helfen», und jetzt klingt sie schon wieder ganz freundlich.

«Ja?», sagt Jesper vorsichtig. «Was denn?»

«Einkaufen gehen», sagt Mama. «Ich brauche noch dringend ...»

Von den Kindern ist Jesper der Einzige, der schon alleine einkaufen darf. Man muss über zwei große Straßen, und dazu ist Janna noch zu klein, aber Jesper geht ja schon in die erste Klasse, da kann man ihm das wohl zutrauen.

Jesper steht schnell auf. «Ätschi-bätschi!», sagt er

zu Janna. «Ich geh jetzt einkaufen! Alleine! Mach du man die Kartoffeln!» Und er steigt schnell in seine Stiefel.

«Also, ich brauche noch dringend», sagt Mama, und sie sieht aus, als ob sie nachdenkt, «Mehl brauch ich noch dringend, ja, Mehl. Kannst du mir das besorgen, Jesper?»

«Kann ich dir logisch besorgen», sagt Jesper, und weil Heiligabend ist, bindet er sich sogar einen Schal um, ohne zu schimpfen, und Mama gibt ihm das Geld, und dann zieht er los.

Auf den Straßen sind heute nur ganz wenige Kinder. Nur vor Nickis Haus spielt ein winziges Mädchen, aber Nicki sitzt bestimmt wieder im Wohnzimmer und guckt fern. In der Schule hat Nicki gesagt, dass er das darf. Sogar am Heiligabend.

Aber im Supermarkt, da ist es voll. Tausend Frauen mit bösen Gesichtern drängeln sich in den schmalen Gängen, und in ihren Einkaufswagen sitzen kleine Kinder und schreien. Aus dem Lautsprecher kommt leise Weihnachtsmusik ohne Worte, und dazwischen sagt eine freundliche Stimme: «Beachten Sie bitte auch unsere heutigen Sonderangebote! Wir wünschen Ihnen ein frohes Fest!»

Jesper seufzt. Es ist gar nicht so einfach, den großen Einkaufswagen an all den vielen Frauen vorbeizuschieben. Einmal stößt er einer gegen den Po, und da schreit sie: «Kannst du denn nicht aufpassen!», und weil Jesper sich entschuldigen will, schiebt er nicht gleich weiter, und da schreit eine andere Frau:

«Kannst du denn nicht weitergehen! Du blockierst ja den ganzen Laden!»

Da nimmt Jesper seinen Wagen und geht ganz schnell

zum Mehl, und «Entschuldigung» hat er nun auch nicht gesagt.

«Sti-hille Nacht», spielen die Lautsprecher ohne Worte, und ganz leise und vorsichtig summt Jesper mit. «Heilige Nacht ...»

Die sind hier ja alle gar nicht weihnachtlich, denkt Jesper böse. So ein Geschubse. Und das soll nun Heiligabend sein!

Die Schlange an der Kasse geht fast durch den ganzen Laden. Alle Frauen haben volle Einkaufswagen, aber keine sagt, dass sie Jesper mit seiner kleinen Mehltüte vorlässt.

Da stellt Jesper sich ganz hinten an, und das macht ihm auch gar nicht viel aus. Der Weihnachtstag ist sowieso so lang, da ist es ganz gut, wenn er mit dem Einkaufen nicht so schnell fertig ist.

Aber die Frauen vor ihm haben es alle ganz eilig. Sie gucken auf ihre Uhren und schimpfen mit ihren Kindern, und drei Wagen vor Jesper gibt eine Mutter einem brüllenden kleinen Jungen sogar einen Klaps.

«Bist du wohl still!», schreit die Mutter. «Bist du wohl jetzt endlich still!»

Gar nicht weihnachtlich, denkt Jesper, absolut kein bisschen weihnachtlich. Aus den Lautsprechern kommt jetzt «Süßer die Glocken nie klingen», und das singen sie auch in der Schule. Da kennt Jesper den ganzen Text. «Als in der Wei-heinachtszeit», schließlich kann er sich auch Sachen merken. Nur lange Gedichte nicht so fürchterlich gut, das ist ja auch gar nicht wichtig. Ganz leise fängt Jesper an mitzusingen. «... 's ist, als ob Engelein singen, wieder von Frieden und Freud», und er merkt, wie er innen drin wieder ganz vergnügt wird. Genau wie man sich am

Heiligabend fühlen soll. Und da hört er es hinter sich. Hinter ihm in der Schlange steht ein Mädchen mit seiner Mutter, das kennt Jesper aus Jannas Kindergartengruppe, und jetzt singt das Mädchen auch mit.

«Wie sie gesungen in seliger Nacht!», singt das Mädchen. Ganz laut. «Wie sie gesungen in seliger Nacht!»

Jesper zieht den Kopf zwischen die Schultern. Hoffentlich gucken jetzt nicht alle her! Einfach für sich selber wollte er singen, ganz leise, damit ihm wieder weihnachtlich wird, und jetzt hören es alle Leute. Das ist Jesper ganz furchtbar peinlich.

Und da fängt die Mutter von dem Mädchen auch noch an! «Glocken mit heiligem Kla-hang!», singt sie, und sie lacht dabei, und von vorne drehen sich die Leute jetzt wirklich um, und manche fangen einfach auch mit an zu singen: «Glocken mit heiligem Kla-hang, klingt doch die Erde entlang!»

Jesper holt einmal tief Luft. Ganz viele haben da jetzt mitgesungen, mitten im Supermarkt. In der Schlange im Supermarkt haben sie gesungen, alle die Frauen mit den bösen Gesichtern, und die kleinen Kinder in den Einkaufswagen haben vor Schreck aufgehört zu schreien.

Jesper dreht sich um und lächelt das Mädchen aus Jannas Gruppe an, und das Mädchen lächelt zurück.

«Bitte beachten Sie auch unsere heutigen Sonderangebote!», ruft der Lautsprecher wieder. «Wir wünschen Ihnen ein frohes Fest.»

Jesper seufzt. So muss es am Heiligabend doch sein, denkt er zufrieden. Genauso muss es am Heiligabend sein. Dann ist ja alles in Ordnung.

Als das nächste Lied kommt, singt keiner mehr mit, aber man kann hören, dass ganz viele summen. Das tut

Jesper jetzt auch. Die Worte kennt er sowieso nicht, es ist ein englisches Lied.

«Frohe Weihnachten», sagt Jesper höflich zu der Frau an der Kasse, als er sein Mehl bezahlt, und die Frau lächelt und sagt auch «Frohe Weihnachten».

Dann rennt Jesper ganz schnell nach Hause. Da ist jetzt auch Papa von der Arbeit zurück, und er deckt den Tisch und kocht die Würstchen für den Kartoffelsalat, weil er das jedes Jahr Weihnachten tut. Papa sagt, Würstchen kochen kann in dieser Familie keiner so gut wie er, und wirklich schmecken sie auch immer sehr gut.

Dann essen sie alle zusammen und ziehen sich weihnachtlich an, und Papa liest noch eine Geschichte vor bis zur Bescherung. Nur Jule hört nicht zu und versucht wieder, Anna-Pouchette mit dem Küchenschwamm zu waschen, aber leider erwischt Mama sie dieses Mal sofort, und da muss Jule ganz fürchterlich brüllen.

Und dann wird es endlich ein ganz kleines bisschen dämmerig.

«Na, dann wollen wir mal», sagt Papa und verschwindet im Weihnachtszimmer.

Jesper stöhnt. Die schöne Weihnachtsliederplatte fängt an zu spielen wie jedes Jahr, und durch die Riffelglasscheibe in der Tür kann man sehen, wie die Kerzen anfangen zu brennen, eine nach der anderen und ganz verschwommen.

Jespers Herz fängt an zu klopfen, und die Knie zittern ihm wie bisher erst zweimal in seinem Leben. Dann geht die Tür ganz langsam auf.

«Denkt euch, ich habe das Christkind gesehen», sagt Janna laut mit ganz wunderbarer Betonung, und Jule schreit: «Bammbaum!»

Vor dem Fenster, gleich neben dem Fernseher, steht ganz riesengroß der Tannenbaum, und von jeder der drei Spitzen baumelt in Glitzerpapier ein Schokoladenstern.

Da weiß Jesper, dass es jetzt Weihnachten ist.

Kurt Tucholsky

Himmlische Nothilfe

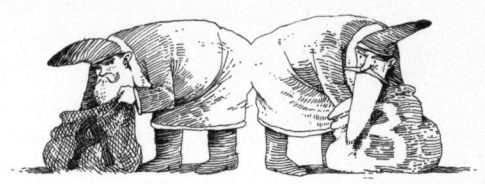

Wat denn? Wat denn? Zwei Weihnachtsmänner?»
«Machen Sie hier nich sonen Krach, Siiie! Is hier
vier Tage im Hümmel, als Hilfsengel – und riskiert hier
schon ne Lippe.»

«Verzeihen Sie, Herr Oberengel. Aber man wird doch
noch fragen dürfen?»

«Dann fragen Sie leise. Sie sehen doch, dass die beiden
Herren zu tun haben. Sie packen.»

«Ja, das sehe ich. Aber wenn Herr Oberengel gütigst
verzeihen wollen: Woso zwei? Wir hatten auf Schule je-
lernt: Et gibt einen Weihnachtsmann und fertig.»

«Einen Weihnachtsmann und fertig ...! Einen Weihnachtsmann und fertig ...! Diese Berliner! So ist das hier
nicht! Das sind ambivalente Weihnachtsmänner!»

«Büttaschön?»

«Ambi ... ach so. Fremdwörter verstehen Sie nicht. Ich
wer Sie mal für vierzehn Tage rüber in den Soziologen-
himmel versetzen – halt, oder noch besser, zu den Kunst-
historikern ... da wern Sie schon ... Ja, dies sind also ...
diese Weihnachtsmänner – das hat der liebe Gott in die-

sem Jahr frisch eingerichtet. Sie ergänzen sich, sie heben sich gegenseitig auf ...»

«Wat hehm die sich jejenseitig auf? Die Pakete?»

«Wissen Sie ... da sagen die Leute immer, ihr Berliner wärt so furchtbar schlau – aber Ihre Frau Mama ist zwecks Ihrer Geburt mit Ihnen wohl in die Vororte gefahren ...! Die Weihnachtsmänner sind doppelseitig – das wird er wieder nicht richtig verstehn – die Weihnachtsmänner sind polare Gegensätze.»

«Aha. Wejen die Kälte.»

«Himmel ... wo ist denn der Fluch-Napf ...! Also, ich werde Ihnen das erklären! Jetzt passen Sie gut auf:

Die Leute beten doch allerhand und wünschen sich zu Weihnachten so allerhand. Daraufhin hat der liebe Gott mit uns Engeln sowie auch mit den zuständigen Heiligen beraten: Wenn man das den Leuten alles erfüllt, dann gibt es ein Malheur. Immer.

Denn was wünschen sie sich? Sie wünschen sich grade in der letzten Zeit so verd ... so vorwiegend radikale Sachen. Einer will das Hakenkreuz. Einer will Diktatur. Einer will Diktatur mitm kleinen Schuss; einer will Demokratie mit Schlafsofa; eine will einen Hausfreund; eine will eine häusliche Freundin ... ein Reich will noch mehr Grenzen; ein Land will überhaupt keine Grenzen mehr; ein Kontinent will alle Kriegsschulden bezahlen, einer will ...»

«Ich weiß schon. Ich jehöre zu den andern.»

«Unterbrechen Sie nicht. Kurz und gut: Das kann man so nicht erfüllen. Erfüllt man aber nicht ...»

«Ich weiß schon. Dann besetzen sie die Ruhr.»

«Sie sollen mich nicht immer unterbrechen! Erfüllen wir nicht – also: Erfüllt der liebe Gott nicht, dann sind die

Leute auch nicht zufrieden und kündigen das Abonnement. Was tun?»

«Eine Konferenz einberufen. Ein Exposé schreiben. Mal telefonieren. Den Sozius ...»

«Wir sind hier nicht in Berlin, Herr! Wir sind im Himmel. Und eben wegen dieser dargestellten Umstände haben wir jetzt zwei Weihnachtsmänner!»

«Und ... was machen die?»

«Weihnachtsmann A erfüllt den Wunsch. Weihnachtsmann B bringt das Gegenteil. Zum Exempel: Onkel Baldrian wünscht sich zu Weihnachten gute Gesundheit. Wird geliefert. Damit die Ärzte aber nicht verhungern, passen wir gut auf: Professor Dr. Speculus will auch leben. Also kriegt er seinen Wunsch erfüllt, und der reiche Onkel Baldrian ist jetzt mächtig gesund, hat eine eingebildete Krankheit und zahlt den Professor. Oder:

Die Nazis wünschen sich einen großen Führer. Kriegen sie: ein Hitlerbild. Der Gegenteil-Weihnachtsmann bringt dann das Gegenteil: Hitler selber.

Herr Merkantini möchte sich reich verheiraten. Bewilligt. Damit aber die Gefühle nicht rosten, bringt ihm der andere Weihnachtsmann eine prima Freundin. Oder: Weihnachtsmann A bringt dem deutschen Volke den gesunden Menschenverstand – Weihnachtsmann B die Presse. Weihnachtsmann A gab Italien die schöne Natur – Weihnachtsmann B: Mussolini. Ein Dichter wünscht sich gute Kritiker, kriegt er. Dafür kauft kein Aas sein Buch mehr. Die deutsche Regierung wünscht Sparmaßnahmen – schicken wir. Der andere Weihnachtsmann bringt dann einen kleinen Panzerkreuzer mit.

Sehn Sie – auf diese Weise kriegt jeder sein Teil. Haben Sie das nun verstanden?»

«Allemal. Da möchte ich denn auch einen kleinen Wunsch äußern. Ich möchte gern im Himmel bleiben und alle Nachmittage von 4 bis 6 in der Hölle Bridge spielen.»

«Tragen Sie sich in das Wunschbuch der Herren ein. Aber stören Sie sie nicht beim Packen – die Sache eilt.»

«Und ... verzeihen Sie ... wie machen Sie das mit der Börse –?»

«So viel Weihnachtsmänner gibt es nicht, Herr – so viel Weihnachtsmänner gibt's gar nicht –!»

Karl Krolow

Eine Weihnachtserinnerung,
die ich nicht vergaß

Denke ich an Weihnachten in den Jahren meiner Kindheit, so verbinde ich solche Erinnerung mit der Erinnerung an Landschaft. Fast immer haben Augenblicke in mich umgebender niederdeutscher Landschaft die Weihnachtszeit mit beeinflusst. Meine Eltern, besonders mein Vater, erzogen mich früh zu derartigem natürlichen Verhältnis in meiner keineswegs ländlichen Umwelt, denn ich wuchs am Rande einer Großstadt auf. Das unregelmäßige und eigentlich unschöne Terrain, das begann, wo die letzten Neubauten aufhörten und sich saure Wiesen hinzogen, Gärtnereien und die Anwesen einiger Gemüsebauern, Schrebergärtensiedlungen, ehe das erste Waldstück sichtbar wurde, ehe der wichtige Wald meiner jungen Jahre, der hannoversche Stadtwald, die Eilenriede, begann. Diese Eilenriede, die sich halbkreisförmig um die Stadt zog, war damals noch ein richtiger Forst oder gab mir doch als Buben diese Illusion, wenn man vom Felde her auf sie zukam. Dann war das Wald-Massiv, die Mischwald-Fläche – besonders bei unsichtigem Wetter – etwas mich mächtig Anziehendes, eine dunkle Wildnis.

Ich kannte den Wald zu jeder Jahreszeit. Im Grunde war die Entfernung zwischen meinem Elternhaus und ihm gering, vielleicht zwanzig Minuten weit, und nur die dazwischen liegenden, verstreuten Gehöfte, das von Geometern bereits abgemessene Gebiet zwischen ausfallender und dann jäh im Feldstück endender städtischer Straße, zwischen dem Ende der Wohnstraße und dem eigentlichen Wiesengrün und Ackerbraun, unterbrach die Vorstellung, dass der Wald eigentlich recht schnell erreichbar sein müsse. Das beiläufige und durch die Witterung so oft trist verhängte Übergangsgebiet, in dem ich mich bewegte und in dem ich mich rasch auskannte als einem idealen Spielgelände, machte den großen Flächenwald dann für mich umso begehrenswerter, in dessen Randbezirken wir Kinder unsere persönlichen Verstecke anlegten, die wir nie verrieten und schon gar nicht mit jemandem teilen würden. Zufluchten im dichten, grünen Unterholz, in das wir uns mit unserer Phantasie zurückzogen.

Im Eilenriedewald floss in seinem Südteil, entlang der nach Hildesheim führenden Bahnlinie, ein Rinnsal, ein verkrauteter Wassergraben, der an einer bestimmten Stelle seines Verlaufes unter einer Waldchaussee weitergeführt wurde. Der massiv gemauerte Eingang zu dieser Unterführung, bogenartig angelegt, glich dem Eingang zu einer Art Wald-Unterwelt, zu einem grünen, dichten Hades. Wie hier das träge Wasser verschwand, um erst sehr viel später an einer von hier aus nicht einzusehenden Stelle wieder ans Licht zu treten, das war für uns Kinder immer mit einem Gefühl der Ungewissheit, des Bangens, der Beklemmung und der Neugier betrachtet worden. Im

Winter fror die winzige Wasserfläche vor der Unterführung schnell zu. Man konnte auf ihr dann ein paar Schritte tun, wagte sich allerdings niemals fort ins Dunkle der unterirdischen Weiterführung.

Ich muss noch ein sehr kleiner Junge gewesen sein, als mir mein Vater in der Vorweihnachtszeit, als wir wieder einmal gemeinsam diesen Ort passierten, vom Eingang zur unterirdischen Grabenweiterführung als vom Eingang zur Höhle des Knechtes Ruprecht zu erzählen begann, sicherlich ganz beiläufig, wie es seine Art war und wie man einem Buben meines damaligen Alters vielleicht Landschaft spannend, abenteuerlich machen kann. Ruprechts Bereich, das mir der Vater als ein Schatzversteck mit allen den Gaben, die er zu Weihnachten dann den Kindern unter den Christbaum legen würde, zu schildern verstanden hatte, ließ mich zunächst vermutlich nichts als nachdenklich werden. Dieser Höhleneingang – gerade an solcher Stelle – schien mir unbedingt glaubwürdig. Man musste sich hier unterirdisch wunderbar verstecken können, um dann im tiefen Höhleninneren ein ganzes Schatzlager anzulegen. Auf dieses Lager aber hatte ich es abgesehen. Die Vorstellung von den verborgenen Sachen ließ mich ganz offenbar nicht los. Weihnachten, das in jedem Jahr ungeduldig erwartete Fest, rückte näher mit dem unberechenbaren Dezember, unberechenbar mit dem Auf und Ab der niederdeutschen Witterung, die zwischen nassem, flüchtigem Schnee und Nebel- oder Regenwetter schwankte, bei ständig gehendem Wind, der aus der Ebene fegte und nirgends Widerstand fand.

Plötzlich gab es einen frühen Wintereinfall mit Frost und lange niedergehendem Schnee, einige Tage vor dem Fest.

Die Schnee-Einsamkeit des Eilenriedewaldes, durch die mich mein Vater nun mit dem Schlitten zog, war überwältigend. Ein richtiger Märchenwald war entstanden, in dem der Schnee von den Ästen in die Augen stäubte, nachdem es sich endlich ausgeschneit hatte und alles in seiner weißen Pracht dalag. Wir kamen sicherlich auch an jenen Waldfleck, wo Ruprechts Höhle lag. Ich erinnere mich dessen nicht mehr genau. Genau dagegen weiß ich, dass es für mich – ausgerechnet am Vormittag des Heiligen Abends – kein Halten mehr gab. Meine Erwartungen waren wie meine Ungeduld auf das höchste gespannt. Ich hatte Ruprechts Höhle nicht vergessen können, die jetzt sicherlich, mit dem vereisten Wasserloch davor, halb zugeschneit war, die vor allem auch für ein gewöhnliches Menschenkind, für mich, erreichbar, passierbar sein musste, nachdem das Grabenwasser wohl bis auf den Grund gefroren war. Auf einmal war ich auf dem Wege zu Ruprechts Reich, mit dem Schlitten, den ich hinter mir herzog, in einem günstigen Augenblick Haus, Straße und Spielgefährten verlassend. Die Neugier, das Abenteuer, meine Phantasie hatten mich überwältigt. An diesem kalten Wintervormittag, der schon fast Mittag war, war ich unversehens unterwegs, allein, wie es sich gehört, denn ich wollte das Geheimnis für mich allein haben. Ich wollte niemanden dabeihaben, bei meiner Entdeckung. Ich war unerschrocken genug, nach alldem, was ich mir erhoffte, um das Wagnis allein auf mich zu nehmen. Ich weiß die Einzelheiten dieses Hinweges, des Hingezogenwerdens nicht mehr. Auf einmal fand ich mich jedenfalls an jener Waldstelle mit vereistem Krautgraben und an dieser Stelle merkwürdig dünner Schneedecke.

Hier angekommen, muss sich bei mir einiges verändert haben. Das Zeitgefühl muss ausgesetzt haben. Habe ich gezögert? – Habe ich – mit dem im Gebüsch schließlich abgestellten Schlitten – den Höhleneingang, nun doch vielleicht furchtsam geworden, immer langsamer und doch zugleich immer geduldiger, erwartungsvoller umkreist und eingekreist? Bin ich dabei allmählich ermüdet, ohne es zunächst zu merken, ohne es danach wahrhaben zu wollen? Meine Eltern haben mir später zuweilen erzählt, wie der Heilige Abend oder doch die Stunden vor diesem Abend verliefen: in quälender Unruhe, in Sorge um meinen Verbleib. Mein Verschwinden war bald bemerkt worden. Und als ich noch nicht heimgekommen war, als mein Vater vom Dienst und einem anschließenden Zusammensein mit Kollegen nach Hause zurückkehrte, war die Aufregung groß. Etwas musste geschehen. Die Zeit verstrich. Niemand wusste genau, wie lange ich fort war, weil ich – wie gesagt – mich unbeobachtet fortgestohlen hatte. Die Eltern überlegten ratlos, wohin ich mich gewendet haben könnte. Sie fragten die Spielkameraden aus. Niemand konnte Auskunft geben. Ich hatte niemanden eingeweiht, weil ich niemanden hatte bei mir haben wollen. Ich wollte allein das Abenteuer meiner Erwartungen, meiner kindlichen Weihnachtsneugier bestehen und hatte es inzwischen bekommen: Abenteuer des Alleinseins im eiskalten, einsamen Winterwald, bei allmählich, dann immer rascher sinkendem Tageslicht.

Was von diesen Heiligabend-Stunden im verschneiten Wald vor der Weihnachts-Höhle des Knecht Ruprecht sich in meinem Gedächtnis erhalten hat, sind verwischte Kleinigkeiten: die Erinnerung an eine knisternde Schneestille, an vom Wind seufzendes Geäst, an eine kalte, von mir, meinen Gliedern, meinem Körpergefühl langsam Besitz ergreifende Einsamkeit, ein Abgeschnittensein, ein

Leben in einem Zwischenbereich, mit aufkommender, dann wieder niedergekämpfter Angst, von Isolation und Fortsein von allem, von Mutlosigkeit, von einer merkwürdigen Verlorenheit und einem ebenso merkwürdigen Entzücken, während es um mich zu dämmern begann. Ich blieb gebannt. Ich konnte den verlorenen Waldort nicht aufgeben. Ich war unschlüssig. Ich wusste nicht weiter, vermutlich. Ich hatte das Wagnis nicht bestanden, war nicht in die Höhle eingedrungen, sondern hatte sie immer nur angestarrt, hatte vor ihr und ihrem Dunkel Halt gemacht und hatte vergessen, was vorher war und was nachher kam.

Auf einmal sah ich mich in meiner Verlassenheit meinem Vater gegenüber. Er hatte sich mit einem Freund auf die Suche gemacht, hatte sich daran erinnert, was er mir von Knecht Ruprechts Versteck verheißen hatte, und hatte dann schnell geahnt, dass ich nur in oder vor ihm aufzufinden sein müsste. Die beiden jungen Männer waren verlegen und froh, als sie mich sahen. Mein Vater hatte mich richtig eingeschätzt. Er hatte nicht die Polizei verständigen müssen. Und nun musste er mich aus einem Traum hochreißen, den ich nur halb und ganz unvollkommen zu träumen begonnen hatte, an diesem Tage, den man den Heiligen Abend nennt: ein Traum, auf den ich später nicht habe zurückkommen brauchen. Ein Traum, auf den man niemals zurückkommen wird, weil er nicht wiederholbar ist.

Maxim Gorki

Von einem Knaben und einem Mädchen, die nicht erfroren sind

In den Weihnachtserzählungen ist es von alther üblich, jährlich mehrere arme Knaben und Mädchen erfrieren zu lassen. Der Knabe oder das Mädchen einer angemessenen Weihnachtserzählung steht gewöhnlich vor dem Fenster eines großen Hauses, ergötzt sich am Anblick des brennenden Weihnachtsbaumes in einem luxuriösen Zimmer und erfriert dann, nachdem es viel Unangenehmes und Bitteres empfunden hat.

Ich verstehe die guten Absichten der Autoren solcher Weihnachtserzählungen, ungeachtet der Grausamkeit, welche die handelnden Personen betrifft; ich weiß, dass sie, diese Autoren, die armen Kinder erfrieren lassen, um die reichen Kinder an ihre Existenz zu erinnern; aber ich persönlich kann mich nicht dazu entschließen, auch nur einen einzigen Knaben oder ein armes Mädchen erfrieren zu lassen, auch zu solch einem sehr achtbaren Zweck nicht.

Ich selbst bin nicht erfroren und bin auch nicht beim Erfrieren eines armen Knaben oder armen Mädchens dabei gewesen und fürchte, allerhand lächerliche Dinge zu sagen, wenn ich die Empfindungen beim Erfrieren beschreibe, und außerdem ist es peinlich, ein lebendes Wesen erfrieren zu lassen, nur um ein anderes lebendes Wesen an seine Existenz zu erinnern.

Das ist es, weshalb ich vorziehe, von einem Knaben und einem Mädchen zu erzählen, die nicht erfroren sind.

Es war Heiligabend, ungefähr um sechs Uhr. Der Wind wehte und wirbelte hier und da durchsichtige Schnee-wölkchen auf. Diese kalten Wölkchen von nicht greifba-rer Gestalt, schön und leicht wie zusammengeknüllter Mull, flogen überall umher, gerieten den Fußgängern ins Gesicht und stachen ihnen mit Eisnadeln in die Wangen, bestäubten den Pferden die Köpfe, die sich − warme Dampfwolken ausstoßend − laut wiehernd schüttelten. Die Telegrafendrähte waren mit Reif behängt, sie sahen wie Schnüre aus weißem Plüsch aus. Der Himmel war wol-kenlos und funkelte von vielen Sternen. Sie glänzten so hell, als ob jemand sie zu diesem Abend mit Bürste und Kreide sorgfältig geputzt hätte, was natürlich unmöglich war.

Auf der Straße ging es laut und lebhaft her. Traber sausten dahin, Fußgänger kamen, von denen einige eilten, andere ruhig dahinschritten. Dieser Unterschied lag sicht-lich darin begründet, dass die Ersten etwas vorhatten und sich Sorgen machten oder keine warmen Mäntel besaßen, die Letzteren aber weder Geschäfte noch Sorgen hatten und nicht nur warme Mäntel, sondern sogar Pelze trugen.

Dem einen dieser Leute, die keine Sorgen hatten und dafür Pelze mit üppigen Kragen, einem von diesen Herr-schaften, die langsam und wichtig dahinschritten, rollten zwei kleine Lumpenbündel direkt vor die Füße und begannen, sich vor ihm herumdrehend, zweistimmig zu jammern: «Lieber, guter Herr», klagte die hohe Stimme eines kleinen Mädchens. «Euer Wohlgeboren», unterstützte es die heisere Stimme eines Knaben. «Geben Sie uns armseligen Kindern etwas!»

«Ein Kopekchen für Brot! Zum Feiertage!», schlossen sie beide vereint. Das waren meine kleinen Helden – arme Kinder: der Knabe Mischka Pryschtsch und das Mädchen Katjka Rybaja.

Der Herr ging weiter; sie aber liefen behände vor seinen Füßen hin und her, wobei sie ihm beständig im Wege waren, und Katjka flüsterte, vor Aufregung keuchend, immer wieder: «Geben Sie uns doch etwas!», während Mischka sich bemühte, den Herrn so viel wie möglich am Gehen zu hindern. Und da, als er ihrer endlich überdrüssig geworden war, schlug er seinen Pelz auseinander, nahm sein Portemonnaie heraus, führte es an seine Nase und schnaufte.

Darauf entnahm er ihm eine Münze und steckte sie in eine der sehr schmutzigen kleinen Hände, die sich ihm entgegenstreckten. Die beiden Lumpenbündel gaben augenblicklich dem Herrn im Pelz den Weg frei und fanden sich plötzlich in einem Torweg, wo sie eng aneinander gedrückt eine Zeit lang schweigend die Straße auf und ab blickten. «Er hat uns nicht gesehen, der Teufel!», flüsterte der arme Knabe Mischka, boshaft triumphierend. – «Er ist um die Ecke herum zu den Droschkenkutschern gegangen», antwortete seine kleine Freundin. «Wie viel hat er denn gegeben, der Herr?»

«Einen Zehner!», sagte Mischka gleichmütig.

«Und wie viel sind es jetzt im Ganzen?»

«Sieben Zehner und sieben Kopeken!»

«Oh, schon so viel! ... Gehen wir bald nach Hause? Es ist so kalt.»

«Dazu ist noch Zeit!», sagte Mischka skeptisch. «Sieh zu, drängle dich nicht gleich vor; wenn dich die Polente sieht, packt sie dich und zaust dich ... Dort schwimmt eine Barke! Los!»

Die Barke war eine Dame in einer Rotonde, woraus zu ersehen ist, dass Mischka ein sehr boshafter, ungezogener und älteren Leuten gegenüber unehrerbietiger Knabe war.

«Liebe gnädige Frau», begann er zu jammern.

«Geben Sie etwas, um Christi willen!», rief Katjka.

«Drei Kopeken hat sie spendiert! Sieh mal an! Die Teufelsfratze!», schimpfte Mischka und schlüpfte wieder in den Torweg.

Und die Straße entlang stoben nach wie vor leichte Schneewölkchen, und der kalte Wind wurde immer rauer. Die Telegrafenstangen summten dumpf, der Schnee knirschte unter den Schlittenkufen, und in der Ferne hörte man ein frisches, helles weibliches Lachen.

«Wird Tante Anfissa heute auch betrunken sein?», fragte Katjka, sich fester an ihren Kameraden schmiegend.

«Warum denn nicht? Warum sollte sie nicht trinken? Genug davon!», antwortete Mischka wichtig. Der Wind wehte den Schnee von den Dächern und begann leise ein Weihnachtsliedchen zu pfeifen; irgendwo winselte eine Türangel. Darauf erklang das Klirren einer Glastür, und eine helle Stimme rief: «Droschke!»

«Lass uns nach Hause gehen!», schlug Katjka vor.

«Nun, jetzt fängst du noch an zu jammern!», fuhr der ernste Mischka sie an.

«Was gibt es denn schon zu Hause?»

«Dort ist's warm», erklärte sie kurz.

«Warm!», äffte er sie nach. «Und wenn sich wieder alle versammeln und du musst tanzen – ist es dann schön? Oder wenn sie dich mit Schnaps voll pumpen und dir wieder schlecht wird ... und da willst du nach Hause!»

Er reckte sich mit dem Ausdruck eines Menschen, der seinen Wert kennt und von seiner richtigen Ansicht fest überzeugt ist. Katjka gähnte fröstelnd und hockte sich in ihrem Winkel des Torweges nieder.

«Schweig lieber ... und wenn es kalt ist – halt aus ... das schadet nichts. Wir werden schon wieder warm werden. Ich kenne das schon! Ich will ...» Er hielt inne, er wollte seine Kameradin zwingen, sich dafür zu interessieren, was er wolle. Sie aber zeigte nicht das geringste Interesse und zog sich immer mehr zusammen. Da warnte Mischka sie besorgt: «Pass auf, dass du nicht einschläfst, sonst erfrierst du! Katjuschka?»

«Nein, mir fehlt nichts», antwortete sie zähneklappernd. Wenn Mischka nicht da gewesen wäre, wäre sie vielleicht auch erfroren; aber dieser erfahrene Bursche hatte sich fest vorgenommen, sie an der Ausführung dieser in der Weihnachtszeit üblichen Tat zu hindern.

«Steh lieber auf, das ist besser. Wenn du stehst, bist du größer, und der Frost kann dich nicht so leicht bezwingen. Mit Großen kann er nicht fertig werden. Zum Beispiel die Pferde – die frieren niemals. Aber der Mensch ist kleiner als das Pferd ... er friert ... Steh doch auf! Wir wollen es bis zu einem Rubel bringen – und dann marsch nach Hause!»

Am ganzen Körper zitternd, stand Katjka auf.

«Es ist schrecklich kalt», flüsterte sie.

Es wurde in der Tat immer kälter, und die Schneewölkchen verwandelten sich nach und nach in herumwirbelnde dichte Knäuel. Sie drehten sich auf der Straße, hier als weiße Säulen, dort als lange Streifen lockeren Gewebes, mit Brillanten besät. Es war hübsch anzusehen, wenn solche Streifen sich über den Laternen schlängelten oder an den hell erleuchteten Fenstern der Geschäfte vorüberflogen. Dann sprühten sie als vielfarbige Funken auf, die kalt waren und die Augen mit ihrem Glanz blendeten. Obgleich alles schön war, interessierte es meine beiden kleinen Helden absolut nicht.

«Hu – hu!», sagte Mischka, indem er die Nase aus seiner Höhle hinausstreckte. «Da kommen sie geschwommen! Ein ganzer Haufen! ... Katjka, schlaf nicht!»

«Gnädige Herrschaften!», begann das kleine Mädchen mit zitternder und unsicherer Stimme zu jammern, während es auf der Straße kullerte.

«Geben Sie uns armen ... Katjuschka, lauf!», kreischte Mischka auf.

«Ach ihr, ich werde euch», zischte ein langer Polizist, der plötzlich auf dem Bürgersteig erschienen war.

Aber sie waren bereits verschwunden. Sie waren wie zwei große zottige Knäuel fortgekullert und verschwunden. «Sie sind fortgelaufen, die kleinen Teufel!», sagte der Polizist vor sich hin, lächelte gutmütig und blickte die Straße entlang.

Und die kleinen Teufel rannten und lachten aus vollem Halse.

Katjka fiel immer wieder hin, weil sie sich in ihren Lumpen verwickelte, und rief dann: «Lieber Gott! Schon wieder ...», und sah sich beim Aufstehen ängstlich lächelnd um.

«Kommt er hinterher?»

Mischka lachte, sich die Seiten haltend, aus vollem

Halse und bekam einen Nasenstüber nach dem anderen, weil er fortwährend mit Vorübergehenden zusammenstieß. «Nun aber genug! Hol dich der Teufel! Wie sie herumkullert! Ach du dumme Trine! Plumps! Mein Gott, schon wieder plumpst sie hin, das ist ja zu komisch!»

Katjkas Hinfallen stimmte ihn heiter.

«Jetzt wird er uns nicht mehr einholen, sei nur ruhig! Er ist nicht schlecht, das ist einer von den guten ... Der andere, der von damals, hat gleich gepfiffen ... Ich renne los und dem Polizisten direkt gegen den Bauch! Und mit der Stirn an seinen Knüppel ...»

«Ich weiß noch, du bekamst eine Beule ...», und Katjka lachte wieder hellauf.

«Nun, schon gut!», sagte Mischka ernst. «Du hast genug gelacht! Hör jetzt, was ich dir sage.»

Sie gingen nun im bedächtigen Schritt ernster und besorgter Leute nebeneinander her.

«Ich hab dich belogen, der Herr hat mir zwei Zehner gegeben, und vorher habe ich dich auch belogen, damit du nicht sagen solltest, es sei Zeit, nach Hause zu gehen. Heute haben wir einen guten Tag! Weißt du, wie viel wir gesammelt haben? Einen Rubel und fünf Kopeken! Das ist viel.»

«Ja-a-a!», flüsterte Katjka. «Für so viel Geld kann man sogar Schuhe kaufen ... auf dem Trödelmarkt.»

«Nun, Schuhe! Schuhe stehle ich für dich ... warte nur ... ich habe es schon lange auf ein Paar abgesehen ... ich werde sie schon stibitzen. Aber weißt du was, wir wollen gleich in eine Schänke gehen ... ja?»

«Tantchen wird wieder davon erfahren, und dann setzt es was, wie das vorige Mal», sagte Katjka nachdenklich; aber in ihrem Ton klang schon Vorfreude auf die Wärme.

«Dann setzt es was? Nein, das wird nicht geschehen! Wir wollen uns eine Schänke suchen, wo uns niemand kennt.»

«Ach so», flüsterte Katjka hoffnungsvoll.

«Also, vor allem wollen wir ein halbes Pfund Wurst kaufen, das macht acht Kopeken; ein Pfund Weißbrot für fünf Kopeken. Das sind dreizehn Kopeken! Dann zwei Stück Kuchen zu drei Kopeken – das sind sechs Kopeken und im Ganzen schon neunzehn Kopeken! Dann zahlen wir für zweimal Tee sechs Kopeken ... das macht einen Fünfundzwanziger! Siehst du! Dann bleiben uns ...»

Mischka schwieg und blieb stehen. Katjka schaute ihm ernst und fragend ins Gesicht.

«Das ist aber schon sehr viel», wiederholte sie schüchtern.

«Sei still ... warte ... Das macht nichts, es ist nicht viel, es ist sogar noch wenig. Dann essen wir noch was für acht Kopeken ... dann sind es im Ganzen dreiunddreißig! Essen wir drauflos! Ist ja Weihnachten. Dann bleiben ... bei fünfundzwanzig Kopeken acht Zehner und bei dreiunddreißig etwas über sieben Zehner übrig! Siehst du, wie viel! Hat sie noch mehr nötig, die Hexe? ... Hei! ... Geh mal schneller!»

Sie fassten sich an den Händen und hopsten auf dem Bürgersteig weiter. Der Schnee flog ihnen ins Gesicht und in die Augen. Mitunter wurden sie von einer Schneewolke vollständig bedeckt; sie hüllte die beiden kleinen Gestalten in einen durchsichtigen Schleier, den sie in ihrem Streben nach Wärme und Nahrung rasch zerrissen.

«Weißt du», begann Katjka, vom schnellen Gehen keuchend, «ob du willst oder nicht, aber wenn sie es erfährt, werde ich sagen, dass du das alles ... ausgedacht hast ... Tu, was du willst! Du wirst schließlich fortlaufen ... aber ich habe es schlechter ... mich kriegt sie immer ... und schlägt mich mehr als dich ... sie mag mich nicht. Pass auf, ich werde alles sagen!»

«Nur zu, sag es nur!», nickte ihr Mischka zu. «Wenn sie uns auch durchprügelt – es wird schon wieder heilen. Das macht nichts ... Sag es nur ...»

Er war von Mut erfüllt und ging einher, pfeifend den Kopf zurückgeworfen. Sein Gesicht war schmal, und seine Augen hatten einen unkindlich schlauen Ausdruck, seine Nase war spitz und ein wenig gebogen.

«Da ist sie, die Schänke! Es sind sogar zwei! In welche wollen wir gehen?»

«Los, in die niedrige. Und zuerst in den Laden ... komm!» Und nachdem sie im Laden alles, was sie sich vorgenommen, gekauft hatten, traten sie in die niedrige Schänke. Sie war voller Dampf und Rauch und einem sauren, betäubenden Geruch. Im dichten rauchigen Nebel saßen an den Tischen Droschkenkutscher, Landstreicher und Soldaten, zwischen den Tischen liefen unglaublich schmutzige Bediente umher, und alles schrie, sang und schimpfte. Mischka fand mit scharfem Blick in einer Ecke ein leeres Tischchen und ging geschickt lavierend darauf zu, nahm schnell seinen Mantel ab und begab sich zum Büfett. Schüchtern um sich blickend, begann nun Katjka ihren Mantel auszuziehen.

«Onkelchen», sagte Mischka, «kann ich zwei Glas Tee bekommen?» Und schlug gleich mit der Faust auf das Büfett.

«Tee möchtest du haben! Bitte sehr! Gieß dir selber ein, und hol dir auch selbst kochendes Wasser ... Sieh aber zu, dass du nichts zerbrichst! Sonst werde ich dich ...»

Aber Mischka war schon nach dem heißen Wasser fortgerannt. Nach zwei Minuten saß er mit seiner Kameradin ehrbar am Tisch, im Stuhl zurückgelehnt, mit der wichtigen Miene eines Droschkenkutschers nach tüchtiger Arbeit – und drehte sich bedächtig eine Zigarette aus Machorka.

Katjka schaute ihn voller Bewunderung für seine Haltung in einem öffentlichen Lokal an. Sie konnte sich noch gar nicht an den lauten, betäubenden Lärm der Schänke gewöhnen und erwartete im Stillen, dass man sie beide «am Kragen nehmen» oder dass noch etwas Schlimmeres geschehen würde.

Aber sie wollte ihre geheimen Befürchtungen nicht vor Mischka aussprechen und versuchte, indem sie ihr blondes Haar mit den Händen glättete, sich unbefangen und ruhig umzuschauen. Diese Bemühungen ließen ihre schmutzigen Backen immer wieder erröten, und sie kniff ihre blauen Augen verlegen zusammen. Aber Mischka belehrte sie bedächtig, bemüht, in Ton und Rede den Hausmann Signej nachzuahmen, der ein sehr ernster Mensch, wenn auch ein Trinker war und vor kurzer Zeit wegen Diebstahls drei Monate im Gefängnis gesessen hatte.

«Da bettelst du zum Beispiel ... Aber wie du bettelst, das taugt nichts, offen gesagt. ‹Ge-e-eben Sie, ge-e-eben Sie uns etwas!› Ist denn das die Hauptsache? Du musst den Menschen vor den Füßen sein, mach es so, dass er Angst hat, über dich zu fallen ...»

«Ich werde das tun ...», stimmte Katjka demütig zu.

«Nun siehst du ...», nickte ihr Kamerad gewichtig. «So muss es auch sein. Und dann noch eins: Wenn zum Beispiel Tante Anfissa ... was ist denn diese Anfissa? Erstens eine Trinkerin! Und außerdem ...»

Und Mischka verkündete aufrichtig, was Tante Anfissa

außerdem noch war. Im völligen Einverständnis mit Mischkas Bezeichnung nickte Katjka mit dem Kopf.

«Du folgst ihr nicht ... das muss man anders machen. Sage zu ihr: ‹Liebes Tantchen, ich werde brav sein ... ich werde Ihnen gehorchen ...› Schmier ihr also Honig ums Maul. Und dann tu, was du willst ... So musst du es machen ...» Mischka schwieg und kratzte sich gewichtig den Bauch, wie es Signej immer tat, wenn er zu reden aufhörte. Damit war sein Thema erschöpft. Er schüttelte den Kopf und sagte: «Nun wollen wir essen ...»

«Ja, los!», stimmte Katjka bei, die schon längst gierige Blicke auf Brot und Wurst geworfen hatte.

Dann begannen sie ihr Abendessen zu verspeisen inmitten des feuchten, übel riechenden Dunkels der mit berußten Lampen schlecht beleuchteten Schänke, im Lärm zynischer Schimpfreden und Lieder. Sie aßen beide mit Gefühl, Verstand und Bedacht, wie echte Feinschmecker. Und wenn Katjka, aus dem Takt kommend, heißhungrig ein großes Stück abbiss, wodurch sich ihre Backen blähten und ihre Augen komisch hervortraten, brummte der bedächtige Mischka spöttisch: «Schau mal einer an, Mütterchen, wie du über das Essen herfällst!»

Das machte sie verlegen, und sie bemühte sich, beinahe erstickend, die wohlschmeckende Kost rasch zu zerkauen.

Nun, das ist auch alles. Jetzt kann ich sie ruhig ihren Weihnachtsabend zu Ende feiern lassen. Glauben Sie mir, sie werden nicht mehr erfrieren! Sie sind am richtigen Platz ... Wozu sollte ich sie erfrieren lassen ...? Meiner Meinung nach ist es äußerst töricht, Kinder erfrieren zu lassen, welche die Möglichkeit haben, auf gewöhnliche und natürliche Weise zugrunde zu gehen.

Wolfdietrich Schnurre

Die Leihgabe

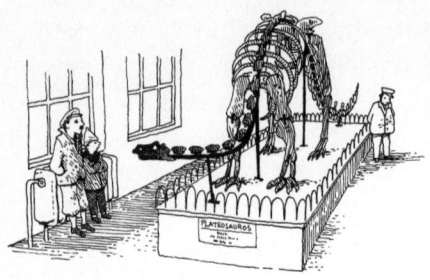

Am meisten hat Vater sich jedes Mal zu Weihnachten Mühe gegeben. Da fiel es uns allerdings auch besonders schwer, drüber wegzukommen, dass wir arbeitslos waren. Andere Feiertage, die beging man oder man beging sie nicht; aber auf Weihnachten lebte man zu, und war es erst da, dann hielt man es fest; und die Schaufenster, die brachten es ja oft noch nicht mal im Januar fertig, sich von ihren Schokoladenweihnachtsmännern zu trennen.

Mir hatten es vor allem immer die Zwerge und Kasperles angetan. War Vater dabei, sah ich weg; aber das fiel meist mehr auf, als wenn man hingesehen hätte; und so fing ich dann allmählich doch wieder an, in die Läden zu gucken. Vater war auch nicht gerade unempfindlich gegen die Schaufensterauslagen, er konnte sich nur besser beherrschen. Weihnachten, sagte er, wäre das Fest der Freude; das Entscheidende wäre jetzt nämlich: nicht traurig zu sein, auch dann nicht, wenn man kein Geld hätte.

«Die meisten Leute», sagte Vater, «sind bloß am ersten

und zweiten Feiertag fröhlich und vielleicht nachher zu Silvester nochmal. Das genügt aber nicht; man muss mindestens schon einen Monat vorher mit Fröhlichsein anfangen. Zu Silvester», sagte Vater, «da kannst du dann getrost wieder traurig sein; denn es ist nie schön, wenn ein Jahr einfach so weggeht. Nur jetzt, so vor Weihnachten, da ist es unangebracht, traurig zu sein.» Vater selber gab sich auch immer große Mühe, nicht traurig zu sein um diese Zeit; doch er hatte es aus irgendeinem Grund da schwerer als ich; wahrscheinlich deshalb, weil er keinen Vater mehr hatte, der ihm dasselbe sagen konnte, was er mir immer sagte.

Es wäre bestimmt auch alles leichter gewesen, hätte Vater noch seine Stelle gehabt. Er hätte jetzt sogar wieder als Hilfspräparator gearbeitet; aber sie brauchten keine Hilfspräparatoren im Augenblick. Der Direktor hatte gesagt, aufhalten im Museum könnte Vater sich gern, aber mit Arbeit müsste er warten, bis bessere Zeiten kämen.

«Und wann, meinen Sie, ist das?», hatte Vater gefragt.

«Ich möchte Ihnen nicht wehtun», hatte der Direktor gesagt.

Frieda hatte mehr Glück gehabt; sie war in einer Großdestille am Alexanderplatz als Küchenhilfe eingestellt worden und war dort auch gleich in Logis. Uns war es ganz angenehm, nicht dauernd mit ihr zusammen zu sein; sie war jetzt, wo wir uns nur mittags und abends mal sahen, viel netter.

Aber im Grunde lebten auch wir nicht schlecht. Denn Frieda versorgte uns reichlich mit Essen, und war es zu Hause zu kalt, dann gingen wir ins Museum rüber; und wenn wir uns alles angesehen hatten, lehnten wir uns unter dem Dinosauriergerippe an die Heizung, sahen aus dem Fenster oder fingen mit dem Museumswärter ein Gespräch über Kaninchenzucht an.

An sich war das Jahr also durchaus dazu angetan, in Ruhe und Beschaulichkeit zu Ende gebracht zu werden. Wenn Vater sich nur nicht solche Sorge um einen Weihnachtsbaum gemacht hätte.

Es kam ganz plötzlich.

Wir hatten eben Frieda aus der Destille abgeholt und sie nach Hause gebracht und uns hingelegt, da klappte Vater den Band *Brehms Tierleben* zu, in dem er abends immer noch las, und fragte zu mir rüber: «Schläfst du schon?»

«Nein», sagte ich, denn es war zu kalt zum Schlafen.

«Mir fällt eben ein», sagte Vater, «wir brauchen ja einen Weihnachtsbaum.» Er machte eine Pause und wartete meine Antwort ab.

«Findest du?», sagte ich.

«Ja», sagte Vater, «und zwar so einen richtigen, schönen; nicht so einen murkligen, der schon umkippt, wenn man bloß mal eine Walnuss dranhängt.»

Bei dem Wort Walnuss richtete ich mich auf. Ob man nicht vielleicht auch ein paar Lebkuchen kriegen könnte zum Dranhängen?

Vater räusperte sich. «Gott –», sagte er, «warum nicht; mal mit Frieda reden.»

«Vielleicht», sagte ich, «kennt Frieda auch gleich jemand, der uns einen Baum schenkt.»

Vater bezweifelte das. Außerdem: So einen Baum, wie er ihn sich vorstellte, den verschenkte niemand, der wäre ein Reichtum, ein Schatz wäre der.

Ob er vielleicht eine Mark wert wäre, fragte ich.

«Eine Mark –?!» Vater blies verächtlich die Luft durch die Nase: «Mindestens zwei.»

«Und wo gibt's ihn?»

«Siehst du», sagte der Vater, «das überleg ich auch gerade.»

«Aber wir können ihn doch gar nicht kaufen», sagte ich; «zwei Mark: Wo willst du die denn jetzt hernehmen?»

Vater hob die Petroleumlampe auf und sah sich im Zimmer um. Ich wusste, er überlegte, ob sich vielleicht noch was ins Leihhaus bringen ließe; es war aber schon alles drin, sogar das Grammophon, bei dem ich so geheult hatte, als der Kerl hinter dem Gitter mit ihm weggeschlurft war.

Vater stellte die Lampe wieder zurück und räusperte sich. «Schlaf mal erst; ich werde mir den Fall durch den Kopf gehen lassen.»

In der nächsten Zeit drückten wir uns bloß immer an den Weihnachtsbaumverkaufsständen herum. Baum auf Baum bekam Beine und lief weg; aber wir hatten noch immer keinen.

«Ob man nicht doch —?», fragte ich am fünften Tag, als wir gerade wieder im Museum unter dem Dinosauriergerippe an der Heizung lehnten.

«Ob man was?», fragte Vater scharf.

«Ich meine, ob man nicht doch versuchen sollte, einen gewöhnlichen Baum zu kriegen?»

«Bist du verrückt?!» Vater war empört. «Vielleicht so einen Kohlstrunk, bei dem man nachher nicht weiß, soll es ein Handfeger oder eine Zahnbürste sein? Kommt gar nicht infrage.»

Doch was half es; Weihnachten kam näher und näher. Anfangs waren die Christbaumwälder in den Straßen noch aufgefüllt worden; aber allmählich lichteten sie sich, und eines Nachmittags waren wir Zeuge, wie der fetteste Christbaumverkäufer vom Alex, der Kraftriemen-Jimmy, sein letztes Bäumchen, ein wahres Streichholz von einem Baum, für drei Mark fünfzig verkaufte, aufs Geld spuckte, sich aufs Rad schwang und wegfuhr.

Nun fingen wir doch an, traurig zu werden. Nicht schlimm; aber immerhin, es genügte, dass Frieda die Brauen noch mehr zusammenzog, als sie es sonst zu tun pflegte, und dass sie uns fragte, was wir denn hätten.

Wir hatten uns zwar daran gewöhnt, unseren Kummer für uns zu behalten, doch diesmal machten wir eine Ausnahme, und Vater erzählte es ihr.

Frieda hörte aufmerksam zu. «Das ist alles?» Wir nickten. «Ihr seid aber komisch», sagte Frieda; «wieso geht ihr denn nicht einfach in den Grunewald einen klauen?»

Ich habe Vater schon häufig empört gesehen, aber so empört wie an diesem Abend noch nie.

Er war kreidebleich geworden. «Ist das dein Ernst?», fragte er heiser.

Frieda war sehr erstaunt. «Logisch», sagte sie; «das machen doch alle.»

«Alle –!», echote Vater dumpf, «alle –!» Er erhob sich steif und nahm mich bei der Hand. «Du gestattest wohl», sagte er darauf zu Frieda, «dass ich erst den Jungen nach Hause bringe, ehe ich dir hierauf die gebührende Antwort erteile.»

Er hat sie ihr niemals erteilt. Frieda war vernünftig; sie tat so, als ginge sie auf Vaters Zimperlichkeit ein, und am nächsten Tag entschuldigte sie sich. Doch was nützte das alles; einen Baum, gar einen Staatsbaum, wie Vater ihn sich vorstellte, hatten wir deshalb noch lange nicht.

Aber dann – es war der dreiundzwanzigste Dezember,

und wir hatten eben wieder unseren Stammplatz unter dem Dinosauriergerippe bezogen – hatte Vater die große Erleuchtung.

«Haben Sie einen Spaten?», fragte er den Museumswärter, der neben uns auf seinem Klappstuhl eingenickt war.

«Was?!», rief der und fuhr auf. «Was habe ich?!»

«Einen Spaten, Mann», sagte Vater ungeduldig; «ob Sie einen Spaten haben.»

Ja, den hätte er schon.

Ich sah unsicher an Vater empor. Er sah jedoch leidlich normal aus; nur sein Blick schien mir eine Spur unsteter zu sein als sonst.

«Gut», sagte er jetzt, «wir kommen heute mit Ihnen nach Hause, und Sie borgen ihn uns.»

Was er vorhatte, erfuhr ich erst in der Nacht.

«Los», sagte Vater und schüttelte mich, «steh auf!»

Ich kroch schlaftrunken über das Bettgitter. «Was ist denn bloß los!»

«Pass auf», sagte Vater und blieb vor mir stehen: «Einen Baum stehlen, das ist gemein; aber sich einen borgen, das geht.»

«Borgen –?», fragte ich blinzelnd.

«Ja», sagte Vater. «Wir gehen jetzt in den Friedrichshain und graben eine Blautanne aus. Zu Hause stellen wir sie in die Wanne mit Wasser, feiern morgen dann Weihnachten mit ihr, und nachher pflanzen wir sie wieder am selben Platz ein. Na –?» Er sah mich durchdringend an.

«Eine wunderbare Idee», sagte ich.

Summend und pfeifend gingen wir los; Vater den Spaten auf dem Rücken, ich einen Sack unter dem Arm. Hin und wieder hörte Vater auf zu pfeifen, und wir sangen zweistimmig «Morgen, Kinder, wird's was geben» und «Vom Himmel hoch, da komm ich her». Wie immer bei solchen Liedern hatte Vater Tränen in den Augen, und auch mir war schon ganz feierlich zumute.

Dann tauchte vor uns der Friedrichshain auf, und wir schwiegen.

Die Blautanne, auf die Vater es abgesehen hatte, stand inmitten eines strohgedeckten Rosenrondells. Sie war gut anderthalb Meter hoch und ein Muster an ebenmäßigem Wuchs.

Da der Boden nur dicht unter der Oberfläche gefroren war, dauerte es auch gar nicht lange, und Vater hatte die Wurzeln freigelegt. Behutsam kippten wir den Baum darauf um, schoben ihn mit den Wurzeln in den Sack, Vater hängte seine Joppe über das Ende, das raussah, wir schippten das Loch zu, Stroh wurde darüber gestreut, Vater lud sich den Baum auf die Schulter, und wir gingen nach Hause. Hier füllten wir die große Zinkwanne mit Wasser und stellten den Baum rein.

Als ich am nächsten Morgen aufwachte, waren Vater und Frieda schon dabei, ihn zu schmücken. Er war jetzt mit Hilfe einer Schnur an der Decke befestigt, und Frieda hatte aus Stanniolpapier allerlei Sterne geschnitten, die sie an seinen Zweigen aufhängte; sie sahen sehr hübsch aus. Auch einige Lebkuchenmänner sah ich hängen.

Ich wollte den beiden den Spaß nicht verderben; daher tat ich so, als schliefe ich noch. Dabei überlegte ich mir, wie ich mich für ihre Nettigkeit revanchieren könnte.

Schließlich fiel es mir ein: Vater hatte sich einen Weihnachtsbaum geborgt, warum sollte ich es nicht fertig bringen, mir über die Feiertage unser verpfändetes Grammophon auszuleihen? Ich tat also, als wachte ich eben erst auf, bejubelte vorschriftsmäßig den Baum, und dann zog ich mich an und ging los.

Der Pfandleiher war ein furchtbarer Mensch; schon als wir zum ersten Mal bei ihm gewesen waren und Vater ihm seinen Mantel gegeben hatte, hätte ich dem Kerl sonst was zufügen mögen; aber jetzt musste man freundlich zu ihm sein.

Ich gab mir auch große Mühe. Ich erzählte ihm was von zwei Großmüttern und «gerade zu Weihnachten» und «letzter Freude auf alte Tage» und so, und plötzlich holte der Pfandleiher aus und haute mir eine herunter und sagte ganz ruhig:

«Wie oft du sonst schwindelst, ist mir egal; aber zu Weihnachten wird die Wahrheit gesagt, verstanden?»

Darauf schlurfte er in den Nebenraum und brachte das Grammophon an. «Aber wehe, ihr macht was an ihm kaputt! Und nur für drei Tage! Und auch bloß, weil du's bist!» Ich machte einen Diener, dass ich mir fast die Stirn an der Kniescheibe stieß; dann nahm ich den Kasten unter den einen, den Trichter unter den anderen Arm und rannte nach Hause.

Ich versteckte beides erst mal in der Waschküche. Frieda allerdings musste ich einweihen, denn die hatte die Platten; aber Frieda hielt dicht.

Mittags hatte uns Friedas Chef, der Destillenwirt, eingeladen. Es gab eine tadellose Nudelsuppe, anschließend Kartoffelbrei mit Gänseklein. Wir aßen, bis wir uns kaum noch erkannten; darauf gingen wir, um Kohlen zu sparen, noch ein bisschen ins Museum zum Dinosauriergeripppe, und am Nachmittag kam Frieda und holte uns ab.

Zu Hause wurde geheizt. Dann packte Frieda eine Riesenschüssel voll übrig gebliebenem Gänseklein, drei Flaschen Rotwein und einen Quadratmeter Bienenstich aus, Vater legte für mich seinen Band *Brehms Tierleben* auf den Tisch, und im nächsten unbewachten Augenblick lief ich in die Waschküche runter, holte das Grammophon rauf und sagte Vater, er sollte sich umdrehen.

Er gehorchte auch; Frieda legte die Platten raus und steckte die Lichter an, und ich machte den Trichter fest und zog das Grammophon auf.

«Kann ich mich umdrehen?», fragte Vater, der es nicht mehr aushielt, als Frieda das Licht ausgeknipst hatte.

«Moment», sagte ich, «dieser verdammte Trichter – denkst du, ich krieg das Ding fest?»

Frieda hüstelte.

«Was denn für ein Trichter?», fragte Vater.

Aber da ging es schon los. Es war «Ihr Kinderlein kommet»; es knarrte zwar etwas, und die Platte hatte wohl auch einen Sprung, aber das machte nichts. Frieda und ich sangen mit, und da drehte Vater sich um. Er schluckte erst und zupfte sich an der Nase, aber dann räusperte er sich und sang auch mit.

Als die Platte zu Ende war, schüttelten wir uns die Hände, und ich erzählte Vater, wie ich das mit dem Grammophon gemacht hätte.

Er war begeistert. «Na –?», sagte er nur immer wieder zu Frieda und nickte dabei zu mir rüber: «Na –?»

Es wurde ein schöner Weihnachtsabend. Erst sangen und spielten wir die Platten durch; dann spielten wir sie nochmal ohne Gesang; dann sang Frieda nochmal alle Platten allein; dann sang sie mit Vater nochmal, und dann aßen wir und tranken den Wein aus, und darauf machten wir noch ein bisschen Musik; und dann brachten wir Frieda nach Hause und legten uns auch hin.

Am nächsten Morgen blieb der Baum noch aufgeputzt stehen. Ich durfte liegen bleiben, und Vater machte den ganzen Tag Grammophonmusik und pfiff zweite Stimme dazu.

Dann, in der folgenden Nacht, nahmen wir den Baum aus der Wanne, steckten ihn, noch mit den Stanniolpapiersternen geschmückt, in den Sack und brachten ihn zurück in den Friedrichshain.

Hier pflanzten wir ihn wieder in sein Rosenrondell. Darauf traten wir die Erde fest und gingen nach Hause. Am Morgen brachte ich dann auch das Grammophon weg.

Den Baum haben wir noch häufig besucht; er ist wieder angewachsen. Die Stanniolpapiersterne hingen noch eine ganze Weile in seinen Zweigen, einige sogar bis in den Frühling.

Vor ein paar Monaten habe ich mir den Baum wieder einmal angesehen. Er ist gute zwei Stock hoch und hat den Umfang eines mittleren Fabrikschornsteins. Es mutet merkwürdig an, sich vorzustellen, dass wir ihn mal zu Gast in unserer Wohnküche hatten.

Anton Tschechow

Wanjka

D er neunjährige Wanjka Schukow, der seit drei Monaten beim Schuster Aljachin in der Lehre war, ging in der Weihnachtsnacht nicht schlafen, sondern wartete, bis der Meister und die Gesellen zur Messe gegangen waren, holte dann Tinte und Feder aus dem Schrank des Meisters und breitete ein zerknittertes Stück Papier vor sich aus, um zu schreiben. Ehe er den ersten Buchstaben hinmalte, blickte er ein paar Mal scheu auf Tür und Fenster, schielte auch zum dunklen Heiligenbild, das zwischen den Gestellen mit den Leisten hing, und seufzte mehrmals. Das Papier lag auf der Bank, er selbst kniete davor auf dem Boden.

«Liebes Großväterchen Konstantin Makarytsch!», schrieb er. «Ich schreibe dir einen Brief. Ich wünsche dir ein schönes Weihnachtsfest und alles Gute vom lieben Gott. Ich habe ja keinen Vater und kein Mütterchen mehr, nur du bist mir geblieben.»

Wanjkas Augen hingen an dem dunklen Fenster, wo das Spiegelbild seiner Kerze flackerte, und er stellte sich seinen Großvater Konstantin Makarytsch, der beim Gutsbesitzer Schiwarjow als Nachtwächter diente, leibhaftig vor. Er war ein kleiner, magerer, aber ungewöhnlich flinker und beweglicher Mann von ungefähr 65 Jahren mit lachendem Gesicht und trunkenen Augen. Tags schläft er in der Gesindeküche oder schäkert mit den Köchinnen, nachts aber schreitet er, in einen weiten Schafspelz gehüllt, die Besitzung ringsum ab und klopft auf sein Holzbrett. Hinter ihm trotten mit gesenktem Kopf die alte Kaschtanka und der kleine Wjun (Teufelchen), so genannt, weil er ganz schwarz und so lang und schmal wie ein Wiesel ist. Dieser Wjun tut immer ungemein unterwürfig und zärtlich, er schaut sowohl die eigenen Leute als auch fremde gleich freundlich an, trotzdem ist er nicht beliebt. Hinter seiner Zutraulichkeit und Demut verbirgt sich nämlich die tückischste Hinterlist. Niemand versteht es besser als er, sich rechtzeitig anzuschleichen und nach einer Wade zu schnappen, in den Eiskeller einzudringen oder den Bauern ein Huhn zu stehlen. Man hat ihm schon oft mit nachgeworfenen Knüppeln die Hinterbeine fast gebrochen, zweimal hat man ihn gehängt, jede Woche wird er beinahe totgeprügelt, doch immer kommt er mit dem Leben davon.

Gewiss steht der Großvater jetzt beim Hoftor, blinzelt zu den erleuchteten Fenstern der Dorfkirche hinüber, tritt in seinen Filzstiefeln von einem Bein aufs andere und scherzt mit dem Gesinde. Sein Klopfbrett hängt am Gürtel. Er reibt sich die Hände, schüttelt sich vor Kälte und zwickt mit greisenhaftem Gekicher bald eine Zofe, bald die Köchin.

«Eine kleine Prise?», sagt er und bietet den Frauen seine Schnupftabakdose an. Und die Frauen schnupfen und niesen. Das freut den Großvater über alle Maßen, er bricht in belustigtes Lachen aus und ruft: «Feste! Ist es eingefroren?»

Auch die Hunde müssen schnupfen. Kaschtanka niest, rümpft die Nase und verzieht sich beleidigt. Wjun hingegen niest aus Ehrfurcht nicht, sondern wedelt mit dem Schwanz. Das Wetter ist herrlich, die Luft still, klar und erfrischend. Die Nacht ist dunkel, doch man sieht das ganze Dorf mit seinen weißen Dächern und den Rauchwölkchen, die aus den Schornsteinen aufsteigen, die silber bereiften Bäume und die Schneewehen. Der Himmel ist übersät mit fröhlich blinkenden Sternen, und die Milchstraße zeichnet sich so deutlich ab, als wäre sie vor den Feiertagen mit Schnee gewaschen und blank gerieben worden ...

Wanjka seufzte, tauchte die Feder ein und schrieb weiter.

«Gestern bekam ich Prügel. Der Meister zog mich an den Haaren auf den Hof und verbläute mich mit dem Knieriemen, weil ich eingeschlafen war, als ich denen ihr Kindchen in der Wiege schaukeln sollte. Und vorige Woche trug mir die Meisterin auf, einen Hering zu putzen, aber ich fing beim Schwanz an, und da nahm sie den Hering und stieß mir den Kopf an die Nase. Und was die Gesellen sind, die verspotten mich, ich muss für sie in der Schänke Schnaps holen und bei den Meistersleuten Gurken stehlen, aber der Meister prügelt mich dann und mit allem, was ihm gerade in die Hände fällt. Und das Essen ist ganz schlecht. Morgens gibt es Brot, mittags Grütze und abends wieder Brot, was aber Tee und Kohlsuppe ist, das fressen sie selbst. Und schlafen muss ich im Flur, wenn aber denen ihr Kindchen schreit, schlafe ich überhaupt nicht, dann muss ich die Wiege schaukeln. Liebes Großväterchen, tu mir um Himmels willen die Liebe und nimm mich von hier fort, ins Dorf nach Hause, ich kann es hier nicht aushalten ... Ich bitte dich auf den Knien, ich werde ewig für dich beten, nimm mich von hier fort, sonst muss ich sterben ...»

Wanjka verzog den Mund, rieb sich mit der schmutzigen Faust die Augen und schluchzte auf. «Ich will dir den Tabak klein hacken», fuhr er fort, «und zum lieben Gott für dich beten, und wenn ich etwas nicht recht mache, dann prügle mich nur tüchtig. Glaub nicht, dass ich nichts zu arbeiten hätte. Ich werde den Verwalter bitten, ihm die Stiefel putzen zu dürfen, oder ich kann an Fedjkas Stelle die Schafe hüten. Liebes Großväterchen, ich halte es nicht aus, es ist wirklich zum Sterben. Ich wäre gern zu Fuß ins Dorf zurückgelaufen, aber ich habe keine Stiefel, und ich fürchte mich vor dem Frost. Und wenn ich groß bin, werde ich dir dafür zu essen geben und nicht zulassen, dass dir einer etwas zuleide tut, und wenn du stirbst, werde ich für dich beten wie für Mütterchen Pelageja. Und Moskau ist eine große Stadt. Lauter hohe Herrschaftshäuser und viele Pferde gibt es hier, aber keine Schafe, und die Hunde beißen nicht. Hier ziehen die Kinder nicht mit dem Stern herum, und man wird auch nicht auf den Kirchenchor zum Singen gelassen. Aber einmal sah ich im Schaufenster, dass die Angelhaken fixfertig mit der Leine gehandelt werden, für alle Fische, sehr schön, und ein Haken war dabei, mit dem könnte man einen Wels von einem halben Zentner festhalten. Und in einem Laden sah ich alle möglichen Gewehre, wie der gnädige Herr sie hat, sodass jedes hundert Rubel kosten mag. Und in den Fleischerläden hängen Auerhähne und Rebhühner und Hasen, aber wo sie geschossen werden, das sagen die Leute im Laden nicht.

Liebes Großväterchen, wenn bei der Herrschaft Weihnachtsbescherung ist, nimm für mich eine vergoldete Nuss vom Christbaum mit und leg sie in dein grünes Kästchen. Bitte Fräulein Olga Ignatjewna darum, sag ihr, es ist für Wanjka.»

Wanjka seufzte krampfhaft und blickte wieder aufs Fenster. Er dachte daran, wie der Großvater jedes Jahr die Tanne für die Herrschaft im Wald holte – stets hatte er mitgehen dürfen. Das war immer ein schöner Tag! Der Großvater ächzte, und wenn Wanjka das hörte, musste er auch ächzen. Ehe der Großvater die Tanne fällt, bleibt er lange Zeit stehen, raucht sein Pfeifchen, schnupft bedächtig und neckt den frierenden Wanjuschka ... Die reifbedeckten Tannen warten regungslos, welche von ihnen ihr Leben lassen muss. Plötzlich rennt irgendwoher ein Hase pfeilschnell über die Schneewehen. Da kann der Großvater nicht an sich halten und ruft:

«Fang ihn, fang ihn! Ach, der kurzschwänzige Halunke!»

Die gefällte Tanne trug der Großvater ins Herrenhaus, und dort wurde sie geschmückt ... Am meisten kümmerte sich Fräulein Olga Ignatjewna darum, Wanjkas Gönnerin. Als Pelageja, Wanjkas Mutter, noch lebte und bei der Herrschaft Stubenmädchen war, konnte Olga Ignatjewna dem kleinen Wanjka oft Süßigkeiten geben, und aus lauter Langeweile lehrte sie ihn schreiben, lesen, bis hundert zählen und sogar Quadrille tanzen. Aber nach Pelagejas Tod wurde das Waisenkind Wanjka zum Großvater in die Gesindestube gesteckt und kam dann aus der Küche nach Moskau zum Schuster Aljachin ...

«Komm zu mir, liebes Großväterchen», schrieb Wanjka weiter. «Ich flehe dich an, nimm mich um Christi willen von hier fort. Hab Mitleid mit dem armen Waisenkind, denn hier prügeln mich alle, und ich leide auch Hunger, und alles ist so traurig, dass ich immerzu weinen muss. Und neulich schlug mich der Meister mit dem Leisten auf den Kopf, dass ich hinfiel und kaum wieder aufstehen konnte. Mein Leben ist unglücklich, schlimmer als das irgendeines Hundes. Und dann lasse ich Aljona grüßen und den einäugigen Jegorka und den Kutscher, und was meine Mundharmonika ist, die darfst du keinem geben. Ich verbleibe dein Enkel Iwan Schukow, liebes Großväterchen, komm mich holen.»

Wanjka faltete das beschriebene Papier viermal zusammen und steckte es in den Umschlag, den er gestern für eine Kopeke gekauft hatte ... Nach längerem Nachdenken tauchte er die Feder ein und schrieb die Adresse:

«Ans Großväterchen im Dorf».

Er kratzte sich den Kopf, überlegte und setzte hinzu: «Konstantin Makarytsch». Zufrieden, dass niemand ihn am Schreiben gehindert hatte, stülpte er die Mütze auf und lief, ohne erst sein Pelzmäntelchen anzuziehen, in Hemdsärmeln auf die Straße. Er hatte die Leute im Fleischerladen tags zuvor gefragt und erfahren, Briefe müssten in Postkästen geworfen werden, von dort würden sie von betrunkenen Kutschern im Dreispänner mit hell klingelnden Glöckchen über die ganze Erde befördert. Wanjka lief zum nächsten Postkasten und steckte den kostbaren Brief in den Schlitz ...

Von süßen Hoffnungen eingelullt, schlief er eine Stunde später frohgemut ein. Er träumt von einem großen Ofen. Auf dem Ofen sitzt der Großvater, mit den bloßen Füßen baumelnd, und liest den Köchinnen den Brief vor ...

Wjun schleicht um den Ofen herum und wedelt mit dem Schwanz ...

Joan Aiken

Ein Hund bellt sich vom Dach

Vor gar nicht so langer Zeit lebte einmal eine alte Frau
am Washington Square, mitten im Park in New York.
Sie hieß Mrs. Logan. Ihre Kleider hingen säuberlich auf Bü-
geln in den Bäumen, und ihr Frühstück nahm sie auf einer
Parkbank ein. Sie lebte dort mit ihrem Droschkengaul
Murphy und natürlich auch mit ihrer Pferdedroschke.

Zur gleichen Zeit wohnte da auch ein Dichter, nur ein
paar Straßen weit von ihr entfernt, in einem Atelier im
vierten Stock in der Zwölften Straße. Er hieß Paul Pudermaker. Paul besaß einen Labradorhund, den hatte er
Bayer genannt. Bayer war gewaltig groß, er hatte ein dich-
tes schwarzes, schimmerndes Fell und kluge braune
Augen. Bayer war sehr freundlich, hatte aber eine
schlechte Angewohnheit: Beim ersten Ton aus einem Radio, wenn Menschen anfingen zu singen, wenn er Trommeln oder Gitarren hörte, heulte er los, bellte wie verrückt
und so laut er konnte, um die Musik zu übertönen.

Paul hatte auch einen Fehler. Er ging nie mit Bayer auf

90

die Straße oder spazieren, weil er gar nicht daran dachte, dass Hunde Abenteuer brauchen.

Glücklicherweise gab es in dem Atelier, in dem sie beide wohnten, eine Tür, die aufs Dach führte. Bayer tapste also fünf- oder sechsmal am Tag zu dieser Tür hinüber und bellte einmal kurz und höflich. Dann stand Paul auf, den Stift noch in der Hand, öffnete die Tür, schloss sie hinter Bayer wieder und schrieb und dichtete weiter, jeden Tag ungefähr zwanzig Stunden lang.

Sowie Bayer draußen war, verwandelte er sich im Handumdrehen von einem ziemlich fetten, trägen, faulen Stubenhund in einen munteren, wachsamen, einfallsreichen, aber immer noch ziemlich fetten Straßenhund. Zuerst sauste er zum Rand des Daches, um zu sehen, was unten in der Zwölften Straße los war. Dann bellte er laut, ungefähr zwanzig Mal, jeder sollte wissen, dass er alle Vorgänge auf der Straße im Auge hatte, und wenn unten ein anderer Hund spazieren ging, dann bellte Bayer extra laut. Danach rannte er über all die Dächer, von einem Ende zum anderen, und das wiederholte er ein paar Mal. Die Dächer waren nicht überall flach. Manchmal waren sie schräg oder vom Nachbardach durch eine niedrige Mauer oder einen Zaun getrennt. Hier und da waren ihm Atelierfenster im Weg, es gab ganze Schornsteinbündel, die aussahen wie Riesenfinger, oder Wassertanks, die auf kräftigen Beinen standen. Bayer kannte seine Dächerlandschaft so gut wie andere Hunde ihre Hinterhöfe, und er war auch schwindelfrei. Selbst wenn er dicht am Rand des Daches stand und bellte, machte ihm das nichts aus. Wenn er genug frische Luft geschnappt hatte, lief er zu seiner Tür zurück, bellte abermals kurz und höflich, worauf Paul Pudermaker ihn wieder einließ.

Paul verdiente nicht viel mit seiner Dichterei, obgleich er sich ungeheure Mühe gab. Er schrieb Hunderte von Gedichten und schickte sie an Dutzende von Zeitschriften, abgedruckt wurde aber nur selten eins. Und das Honorar, das er dafür bekam, war auch ziemlich kläglich. Darum verfasste Paul nicht nur Gedichte, sondern auch Reime für Glücksgebäck. Er bekam dafür große Kartons mit Glückskeksen gratis, und davon ernährten sie sich, Bayer und er. Bayer hatte es ausgezeichnet raus, wie man nur die Kekse knabbern konnte, ohne die Zettel mit den Reimen runterzuschlucken.

An einem eiskalten Dezemberabend hatte Paul Bayer gerade rausgelassen und schrieb einen Glücksspruch: «Ein Versteck im Teetopf ist kein Genuss / die Gefahr: ein brühheißer Wasserguss», da hörte er Bayer lauter als sonst auf dem Dach bellen. Er ging zum Fenster, schob es hoch und beugte sich hinaus, weil er wissen wollte, worüber sich Bayer so aufregte.

Unten in der Nebenstraße sah er eine kleine Gruppe von Menschen mit zwei Gitarren und einer Trommel. Sie sangen Weihnachtslieder, und oben auf dem Dach bellte sich Bayer die Seele aus dem Leibe. Die Weihnachtssänger kümmerten sich gar nicht um Bayer, wahrscheinlich hörten sie ihn auch kaum, denn er war so weit von ihnen entfernt, und sie machten selber so viel Lärm.

Mitten in diesem Lärm kam die alte Mrs. Logan ganz langsam in ihrer Pferdedroschke angefahren. Sie war allerdings fest eingeschlafen; Murphy, ihr Pferd, fand den Heimweg allein. Sie kamen von ihrem gewohnten Stammplatz vorm Plaza-Hotel, wo sie auf Fahrgäste gewartet hatten. Doch erstens mochten nur wenige Leute in der kalten Jahreszeit Pferdedroschke fahren, und zweitens hätten sie sich kaum Mrs. Logan ausgesucht, denn Murphy, braun wie ein Lebkuchen, war so klapperdürr, dass man die Rippen zählen konnte.

Deshalb wählten die meisten Kunden Droschken mit fetteren, stärkeren Gäulen. Und heute rollten Murphy und Mrs. Logan wie an vielen anderen Tagen zu ihrem Nachtquartier zurück, ohne eine einzige Fuhre gehabt zu haben. Mrs. Logan deckte Murphy immer mit lauter alten Steppdecken zu, die sie in einem Pappkarton aufhob, und wickelte sich selbst so gut wie möglich ein. Dann teilten sie sich ihr Abendessen, ein paar halbe Brötchen, Gebäckreste, trockene Butterbrote und andere Essensreste, die Mrs. Logan in aller Herrgottsfrühe aus den Abfallkörben im Park herausgeklaubt hatte. Danach schliefen sie ein, Murphy im Stehen, Mrs. Logan in der Droschke, die immer unter dem Washington-Bogen stand.

Als nun Mrs. Logan und Murphy gerade bei den Weihnachtssängern vorbeifuhren, hatte Bayers Aufregung oben auf dem Dach ihren Höhepunkt erreicht, und es passierte das, was noch nie passiert war: Er bellte sich einfach vom Dach und plumpste wie eine große schwarze Pflaume die vier Stockwerke hinunter, glücklicherweise genau auf das Wachstuchdach von Mrs. Logans Droschke. Das wirkte wie ein Trampolin. Bayer wurde ein paar Mal in die Luft geschleudert, und dann rutschte er in die Kutsche. Ihm war überhaupt nichts passiert, er war nur etwas verwirrt.

Mrs. Logan war auch verwirrt: «Holla», sagte sie. «Das ist ja nicht zu glauben! Jetzt fallen die Hunde schon vom Himmel. Was wird wohl als Nächstes passieren?»

Bayer zog sich höflich aus der Droschke zurück und sprang auf die Straße.

«Bist du verletzt?», fragte Murphy, der genauso erschrocken war wie Mrs. Logan, jedoch nicht zu lauten Gefühlsäußerungen neigte.

«Nein, besten Dank, überhaupt nicht», antwortete Bayer. «Hoffentlich hab ich deine Fahrerin nicht erschreckt.»

«Ach, die ist so leicht nicht aus der Ruhe zu bringen», sagte Murphy und trottete weiter. Bayer dachte sich, wenn er schon mal unten auf der Straße war, könnte er die Gelegenheit auch gleich beim Schopfe packen. Es war lange her, dass er hier unten hatte herumrennen und alles beschnüffeln können, und er war außerdem fest davon überzeugt, dass sich Paul nicht so bald Sorgen um ihn machen würde. So sprang er dann neben Murphy her und passte sich dem erschöpften, ungleichmäßigen Schritt des Pferdes an.

Als der Wagen unter dem Washington-Bogen anhielt, Mrs. Logan sich und das Pferd einwickelte und eine Hand voll Brotrinden und Kuchenkrümel mit ihm teilte, war Bayer vollkommen außer sich. «Habt ihr denn keinen Stall?», fragte er das Pferd. «Wie lange geht das denn schon so?»

«Ich weiß nicht genau», antwortete Murphy, «neun oder zehn Jahre, glaub ich. Mrs. Logan hat nämlich kein Geld. Wir kommen vom Lande, aus Four Corners in New Hampshire.» Hier stieß Murphy einen tiefen Seufzer aus. «Da standen wir immer vorm Bahnhof, und weil unsre Droschke die einzige war, haben wir gut verdient. Mrs. Logan hat bei ihrem Bruder gewohnt, dem gehört ein Bauernhof. Aber eines Tages sind vier Leute aus dem Zug gestiegen und haben gefragt, ob wir sie nach New York fahren könnten. Achtzig Dollar haben sie uns für die Fahrt geboten. In der letzten Zeit muss ich immer denken, dass das nur Räuber gewesen sein können. Die Fahrt hierher hat ein paar Tage gedauert, und sie haben die ganze Zeit von Banken und Geld und der Polizei schwadroniert. Und als wir dann in New York waren, da haben sie gesagt, sie hätten kein Kleingeld, aber wenn Mrs. Logan am nächsten Morgen um zehn vorm Plaza-Hotel wäre, dann wollten sie ihr die achtzig Dollar zahlen. Aber sie haben sich nie wieder blicken lassen, obgleich wir seitdem jeden Morgen um zehn vorm Hotel stehen.»

«Das sind vielleicht Schurken!», rief Bayer aus. «Sie wollten euch wahrscheinlich übers Ohr hauen.»

«Das hab ich auch schon gedacht», stimmte Murphy trübselig zu.

«Und warum lässt sie nicht locker und geht nach Four Corners zurück?»

«Oh, das würde sie nie tun. Sie will nicht, dass die Männer glauben, sie hätte kein Vertrauen zu ihnen. Aber», sagte Murphy seufzend, «manchmal hängt mir die Stadt zum Halse raus – obwohl sie natürlich sehr schön ist – und ich wünschte, ich wäre wieder in meinem Stall in Four Corners – besonders in einer so kalten Nacht wie heute.»

Es *war* bitterkalt. Bayer trabte nach Hause und murmelte vor sich hin: «Das ist eine Schande, wirklich!» Und dann hörte er auch schon die Stimme von Paul Pudermaker, der am offenen Fenster stand und pfiff und rief: «Bayer? Bayer? Wo steckst du denn?»

Bayer rannte die vierundsiebzig Stufen hinauf ins warme Atelier und bekam einen späten Glückskeks-Imbiss. Als er dann in seinem Korb lag, konnte er aber noch lange nicht einschlafen. Er musste immer an Mrs. Logan und Murphy denken, die draußen in der Kälte unter dem Washington-Bogen standen und auf den Morgen warteten.

Von da an spitzte Bayer immer die Ohren, bis er das langsame Trappeln von Murphys Hufen auf dem Pflaster hörte. Dann bellte er, damit er aufs Dach hinausgelassen wurde. Mrs. Logan hatte immer das Verdeck aufgeklappt, wenn sie durch die Zwölfte Straße fuhr, und Bayer sprang hinunter, schnellte ein- oder zweimal in die Luft, setzte sich dann zu Mrs. Logan auf den Kutschbock oder rannte neben Murphy her. Auch Paul gewöhnte sich daran und machte sich keine Sorgen um seinen Hund. Bayer half Mrs. Logan, Essensreste in den Abfallkörben aufzustöbern, was er sehr viel besser konnte als die alte Frau, und verbrachte mit den beiden ganze Tage im Park, wobei er sich mit Murphy unterhielt und nach den vier Männern Ausschau hielt, die Mrs. Logan achtzig Dollar schuldeten.

«Der eine war groß und dünn, mit 'ner Brille», berichtete Murphy. «Einer war klein und dick mit 'ner roten Nase, einer ganz blass, der hatte schneeweiße Haare und Augen, die nur so blitzten. Und einer war voll von Sommersprossen und hatte rote Haare.»

Sie standen vorm Plaza-Hotel, und weil es kurz vor Weihnachten war, wimmelte es von Männern, die als Weihnachtsmann verkleidet waren und mit Glocken bimmelten und für irgendwelche wohltätigen Zwecke Geld sammelten. Bayer stöberte einen Brezelrest in der Gosse auf und bot ihn Murphy an. «Was ist eigentlich dein Lieblingsfressen?», fragte er, und Murphy erwiderte mit vollem Maul: «Spinat. Wenn wir mal Kunden gehabt haben, dann kauft Mrs. Logan mir immer eine ganze Tüte voll. In Four Corners hab ich den korbweise zu fressen gekriegt.

Mrs. Logans Bruder hat jedes Jahr ein ganzes Feld voll Spinat gehabt, und ich hab es gepflügt.»

«Spinat!», sagte Bayer erstaunt. «Ich hab noch nie gehört, dass den wirklich jemand mag.»

Als Bayer an diesem Abend heimkam, setzte er sich neben Paul und legte dem Dichter die Pfote auf den Arm.

«Was ist denn los, Bayer?», fragte Paul. «Hunger?»

«Nein», erwiderte Bayer. «Ich brauch ganz viel Spinat.»

«Spinat!», sagte Paul genauso verwundert wie Bayer vorhin. «Wozu brauchst du denn den?»

«Für einen Freund.»

«Spinat – Spinat ...», murmelte Paul. «Da hab ich doch gerade was in der Zeitung gelesen ...», und er kramte in den alten Zeitungen herum, bis er die richtige gefunden hatte. Dan las er Bayer vor: «Ein Frachter mit einer Ladung Spinat liegt am Morton Street Pier, es werden Interessenten gesucht. Da das Schiff auf dem Weg von Florida in so schwere Stürme geraten ist, hat die Reise acht statt der üblichen zwei Tage gedauert. Folglich ist das Gemüse nicht mehr frisch, und New Yorker Großhändler wollen es nicht abnehmen. Der Preis beträgt zwanzig Dollar.»

Zwanzig Dollar, dachte Bayer niedergeschlagen. Das ist viel Geld. Aber der Spinat würde Murphy sicher wieder auf die Beine bringen, und dann könnte er zurückkehren nach Four Corners.

Am nächsten Tag war Bayer schon in aller Herrgottsfrühe auf dem Dach. Es war noch dunkel und bitterkalt, aber Bayer erwischte Murphy auf dem Weg zur Arbeit. Er sprang wie üblich hinab und war gerade dabei, Murphy von dem Spinat zu erzählen, als siebenundfünfzig Weihnachtsmänner um die Ecke bogen. Sie waren alle schon kostümiert, manche schleppten Säcke, andere Glocken, doch die meisten trugen Weihnachtsbäume. Sie marschierten in Kolonnen, fünf Reihen zu zehn und eine Reihe zu sieben Weihnachtsmännern. Mrs. Logan, die in der Droschke saß und döste, wachte plötzlich auf und starrte sie verwundert an, vor allem die letzte Reihe, die gerade im Gänsemarsch an der Droschke vorbeizog. Und dann schrie sie: «Der Teufel soll mich holen, wenn das nicht die Kerle sind, die wir von Four Corners hierher gebracht haben! Krieg ich jetzt meine achtzig Dollar oder nicht?»

Murphy hatte die Männer im selben Augenblick auch erkannt und wieherte laut, und Bayer, von der allgemeinen Aufregung angesteckt, bellte, dass ihm fast der Kopf platzte. Die meisten Weihnachtsmänner schienen nur leicht überrascht, die letzten vier aber ließen ihre Weihnachtsbäume fallen und stürzten davon. Murphy versuchte, sie zu verfolgen, aber er war so klapprig und so schwach, dass er seinen armseligen Trab nur ein paar Häuser weit durchhalten konnte, und da waren die Männer längst verschwunden. Einer hatte jedoch vor Schreck seine Geldbörse fallen lassen. Bayer schoss darauf zu und apportierte sie voller Stolz. Sie enthielt vier Fünfdollarscheine. Zwanzig Dollar!

Der Eigner des Frachters am Morton Street Pier war ziemlich verblüfft, als eine schäbige alte Droschke, von einem klapperdürren alten Gaul gezogen, neben seinem Schiff vorfuhr, eine alte Frau mit einer Hand voll grüner Geldnoten wedelte und ihm seinen Spinat abkaufen wollte. «Selbstverständlich können Sie das Zeug haben», sagte er. «Aber wo wollen Sie hin damit? Hier im Hafen kann es nicht bleiben.»

«Unterm Washington-Bogen», murmelte Mrs. Logan, aber der Kapitän sah sie verständnislos an und schüttelte den Kopf.

Inzwischen hatte Bayer mit einem Blick festgestellt, dass es Schwerarbeit werden würde, den Spinat umzuladen, denn Mrs. Logan war schließlich eine alte Frau. Sie und Murphy konnten gar nicht so viele Fuhren schaffen. So rannte er in die Zwölfte Straße zurück in der Hoffnung, dass Paul einen Ausweg wusste. Zu seiner Überraschung sah er dort einen schneeweißen Rolls-Royce vor der Haustür parken, und Paul Pudermaker war gerade dabei, einen englischen Freund, Lord Donisthorpe, herzlich zu begrüßen.

«O bitte, o bitte, lieber Paul», bellte Bayer. «Wir brauchen deine Hilfe und deinen Rat ganz dringend!» Er sprang aufgeregt um Paul herum.

Lord Donisthorpe war ein hagerer, älterer englischer Herr mit einem grauen Haarschopf und einer langen Nase. Er betrachtete Bayer mit Anteilnahme und Interesse. «Na, so was, mein lieber Paul! Das ist ja höchst bemerkenswert und rührend! Du und der Hund, ihr könnt euch miteinander verständigen! Einer versteht die Sprache des anderen! Ausgesprochen interessant! Darüber muss ich unbedingt einen wissenschaftlichen Aufsatz schreiben.»

«Ach, das ist doch nicht der Rede wert», sagte Paul ganz verlegen und kurz angebunden. «Also, Bayer, was ist los? Lord Donisthorpe ist gerade zu Besuch gekommen, kann dein Problem nicht ein paar Minuten warten?»

«O nein, Paul, keineswegs, es geht nämlich um diesen Spinatberg unten am Pier, den will Mrs. Logan am Washington-Bogen haben.» Und Bayer erzählte, was sich zugetragen hatte.

Daraufhin verbrachten Paul Pudermaker und Lord Donisthorpe den Rest des Tages damit, den Spinat in Lord Donisthorpes Rolls-Royce vom Dock zum Washington Square zu schaffen. Bei Einbruch der Dämmerung hatten sie gerade die letzte Fuhre geschafft. Der Spinat bildete mitten auf dem Rasen eine gewaltige Pyramide, die aussah wie ein übergroßer Weihnachtsbaum. Für Mrs. Logan und Murphy war dieser Tag ein Ruhetag gewesen, Mrs. Logan hatte lange und gründlich nachgedacht, und Murphy hatte Spinat gefressen. Bayer rannte unermüdlich neben dem Rolls-Royce her und genoss alles in vollen Zügen. Einmal war ein Polizist vorbeigekommen und hatte sich sorgenvoll den Spinatberg angesehen, aber Mrs. Logan beruhigte ihn: «Bis nach Weihnachten», sagte sie, «hat Murphy alles aufgefressen.»

Und wirklich, in den nächsten Tagen fraß sich Murphy so stetig durch den grünen Berg, dass er rasch abnahm. Murphy nahm zu, sein Fell wurde wieder dicht und glatt, seine Mähne und sein Schweif wuchsen jeden Tag ein paar Zentimeter, und seine Hufe begannen zu funkeln. Er trabte fröhlich und mit hoch erhobenem Kopf immer um den Washington Square herum, und er wieherte dabei und schlug sogar aus.

Unterdessen unterhielten sich Lord Donisthorpe und Paul Pudermaker bei Tee und Gebäck lange und ausführlich mit der alten Mrs. Logan.

«Wenn ich an Ihrer Stelle wäre, Madam», sagte Lord Donisthorpe, «dann würde ich nicht länger auf mein Geld warten. Ich fürchte, diese Schurken, die Sie betrogen haben, sind über alle Berge. Wenn ich Sie wäre, dann nähme ich mein schönes Pferd und führe nach Four Corners zurück.»

Es dauerte lange, bis sich Mrs. Logan schließlich überreden ließ. Sie hatte nur einen Einwand: «Murphy ist jetzt in so guter Verfassung, dass er beim Wettrennen der Droschkengäule, das am Weihnachtstag stattfinden soll, mitmachen kann. Wenn wir gewinnen, kriegen wir fünfhundert Dollar. Dann können wir immer noch nach Four Corners zurückfahren, und ich hab genug Geld, um ein Weihnachtsgeschenk für meinen Bruder Sean zu kaufen. Der denkt sicher seit zehn Jahren, dass ich tot bin.»

Das war also beschlossen, und Paul und Lord Donisthorpe putzten und polierten die Droschke und den Messingbeschlag von Murphys Geschirr, überprüften die Lederriemen und die Zügel, wuschen das Leder mit Sattelseife, rieben das Holz mit Wachs ein, bis die Kutsche zwar nicht wie neu, aber doch erheblich besser als vorher aussah. Zum Schluss befestigten sie eine große rote Rosette an Murphys Stirnband.

Am Weihnachtstag versammelte sich eine große Menschenmenge im Central Park, um dem Rennen zuzuschauen, das einmal im Jahr ausgetragen wurde. Dazu mussten die Droschken dreimal um den Park fahren, das war eine Strecke von achtzehn Meilen. Den ganzen Vormittag über war der Verkehr in dieser Gegend gesperrt. Die Droschken standen aufgereiht vorm Plaza-Hotel, insgesamt dreißig, alle auf Hochglanz geputzt und mit Bändern, Schleifen und Stechginster geschmückt. Mrs. Logans Droschke war sicherlich nicht die eleganteste, aber kein anderes Pferd war so gut in Form wie Murphy. Sein Fell schimmerte wie eine reife Kastanie, und er schnaubte vor Aufregung. Dann krachte der Startschuss, und Murphy zog schon nach der ersten Kurve so weit vor und ließ alle anderen Droschken so weit hinter sich, dass es gar kein Wettrennen mehr zu sein schien. Er galoppierte wie ein Derbysieger, Bayer laut bellend neben sich, eine halbe Meile vor den anderen um das Nordende vom Park und rasselte nun die Fifth Avenue entlang. Doch als er beim Hotel wieder abbiegen wollte, sah er da ein paar Weihnachtsmänner stehen. Er wieherte plötzlich laut auf, weil er sie erkannt hatte, verließ die Rennstrecke und machte sich an die Verfolgung. Die Männer flohen in die Fifth Avenue hinein, Murphy donnerte hinter ihnen her.

«Was ist denn in das Pferd gefahren?», schrien die Zuschauer, «hat es den Weg verloren? Murphy, Murphy, komm zurück!»

Mrs. Logan hatte die Weihnachtsmänner jedoch auch erkannt, und sie schrie: «Marsch, zurück, ihr Halunken! Was ist denn nun mit meinen sechzig Dollar?»

Sie fand, dass ihr die Männer nur noch sechzig schuldeten, nachdem in der Geldbörse, die die Halunken verloren hatten, zwanzig Dollar gewesen waren. Und die hatte sie schon für Spinat ausgegeben.

Das vorige Mal war es den Männern leicht gefallen, Murphy zu entkommen. Jetzt aber hatten sie keine Chance. Mrs. Logan beugte sich mit ihrer Peitsche und ihrem Regenschirm aus der Droschke und angelte sich einen nach dem anderen in den Wagen. «Jetzt hab ich euch Gauner beisammen!», rief sie. «Und ich werd euch der Polizei übergeben, denn ihr seid richtige Halunken, ihr habt mir ja nie mein Geld zahlen wollen.»

Und wirklich, schon heulten die Polizeisirenen, denn die Weihnachtsmänner waren gesuchte Verbrecher, für deren Ergreifung viel Geld als Belohnung ausgesetzt war. Das sollten Mrs. Logan und Murphy nun bekommen, und deshalb machte es nichts, dass sie das Weihnachtsrennen nicht gewonnen hatten.

Am Washington Square trafen die Freunde dann wieder zusammen und halfen Mrs. Logan und Murphy beim Packen und bei den letzten Vorbereitungen für die Heimreise.

«Na, wie ist es, kommst du mit uns?», fragte Murphy Bayer.

Bayer brach fast das Herz, aber er antwortete: «Ich kann Paul nicht im Stich lassen. Er ist immer so freundlich zu mir gewesen, und ganz alleine könnte er sich verlassen vorkommen.»

«Na, dann leb wohl», sagte Murphy.

«Lebt wohl! Lebt wohl!», rief auch Mrs. Logan. Denn alle Freunde von Mrs. Logan waren zum Park gekommen, um sich von ihr zu verabschieden. Und dann brachen sie auf. Bayer schaute der Droschke nach, wie sie die Sixth Avenue entlangrasselte, und er hatte einen dicken Kloß im Hals. Als er gerade zu heulen beginnen wollte, drängelte sich Paul Pudermaker durch die Menge. «Bayer», sagte er, «Lord Donisthorpe hat mich für ein Jahr nach England eingeladen. Ich würde die Einladung schrecklich gern annehmen, aber wenn ich dich mitnehme, dann musst du sechs Monate in Quarantäne. Die Engländer sind da ziemlich streng. Deshalb hab ich gedacht, ob du wohl mit Mrs. Logan und Murphy nach New Hampshire gehen willst …?»

Bayer warf den Kopf herum und sah, dass die Droschke schon verschwunden war. «Die hol ich jetzt nicht mehr ein», sagte er niedergeschlagen.

«Unfug, mein bester Hund», rief Lord Donisthorpe. «Wozu haben wir denn einen Rolls-Royce? Murphy mag ja einen ganz anständigen Schritt am Leibe haben, aber ich habe noch nie von einem Pferd gehört, das es mit einem Rolls-Royce aufnehmen könnte. Hüpf hinein, dann haben wir sie bald.»

Bayer und Paul sprangen in den schneeweißen Rolls-Royce, auf dessen grauen Tweedpolstern immer noch reichlich Spinat klebte. Lord Donisthorpe ließ den Motor an, der mit sanftem Schnurren erwachte, berührte einmal kurz das Gaspedal, und schon hob der große Wagen wie ein Hubschrauber ab.

Und trotzdem: Murphy holten sie erst ein, als er die Stadt schon mit allen Vororten hinter sich gelassen hatte.

Wenn ihr also jetzt zum Washington Square kommt, dann könnt ihr nicht mehr erleben, wie Mrs. Logan ihre Kleider in die Bäume hängt, und ihr könnt auch Murphy, das Pferd, nicht mehr unter dem Washington-Bogen stehen sehen. Sie sind wieder in Four Corners in New Hampshire, und Bayer, der Labradorhund, wohnt bei ihnen.

Truman Capote

Eine Weihnachtserinnerung

Stellt euch einen Morgen gegen Ende November vor! Das Heraufdämmern eines Wintermorgens vor mehr als zwanzig Jahren. Denkt euch die Küche eines weitläufigen alten Hauses in einem Landstädtchen. Ein großer schwarzer Kochherd bildet ihren wichtigsten Bestandteil, aber auch ein riesiger runder Tisch und ein Kamin sind da, vor dem zwei Schaukelstühle stehen. Und gerade heute begann der Kamin sein zur Jahreszeit passendes Lied anzustimmen.

Eine Frau mit kurz geschorenem weißem Haar steht am Küchenfenster. Sie trägt Tennisschuhe und einen formlosen grauen Sweater über einem sommerlichen Kattunkleid. Sie ist klein und behände wie eine Bantam-Henne; aber infolge einer langen Krankheit in ihrer Jugend sind ihre Schultern kläglich verkrümmt. Ihr Gesicht ist auffallend: dem Lincolns nicht unähnlich, ebenso zerklüftet und von Sonne und Wind gegerbt; aber es ist auch zart, von feinem Schnitt, und die Augen sind sherryfarben und scheu. «Oje», ruft sie aus, dass die Fensterscheibe von ihrem Hauch beschlägt, «es ist Früchtekuchen-Wetter!»

Der, zu dem sie spricht, bin ich. Ich bin sieben. Sie ist sechzig und noch etwas darüber. Wir sind Vetter und Base, zwar sehr entfernte, und leben zusammen seit – ach, solange ich denken kann. Es wohnen noch andere Leute im Haus, Verwandte; und obwohl sie Macht über uns haben und uns oft zum Weinen bringen, merken wir im Großen und Ganzen doch nicht allzu viel von ihnen. Wir sind jeder des andern bester Freund. Sie nennt mich Buddy, zum Andenken an einen Jungen, der früher mal ihr bester Freund war. Der andere Buddy starb in den achtziger Jahren, als sie noch ein Kind war. Sie ist noch immer ein Kind.

«Ich wusste es, noch eh' ich aus dem Bett stieg», sagt sie und kehrt dem Fenster den Rücken. Ihre Augen leuchten zielbewusst. «Die Glocke auf dem Gericht hallte so kalt und klar. Und kein Vogel hat gesungen; sind vermutlich in wärmere Länder gezogen. O Buddy, hör auf, Biskuits zu futtern, und hol unser Wägelchen! Und hilf mir meinen Hut suchen! Wir müssen dreißig Kuchen backen.»

So ist es immer: Jedes Jahr im November dämmert ein Morgen herauf, und meine Freundin verkündet – wie um die diesjährige Weihnachtszeit feierlich zu eröffnen, die ihre Phantasie befeuert und die Glut ihres Herzens nährt –: «Es ist Früchtekuchen-Wetter! Hol unser Wägelchen! Hilf mir meinen Hut suchen!»

Der Hut findet sich: ein Wagenrad aus Stroh, geschmückt mit Samtrosen, die in Luft und Licht verblassten; er gehörte einmal einer eleganteren Verwandten. Zusammen ziehen wir unser Wägelchen, einen wackeligen Kinderwagen, aus dem Garten und zu einem Gehölz von Hickory-Nussbäumen. Das Wägelchen gehört mir, das heißt, es wurde für mich gekauft, als ich auf die Welt kam. Es ist aus Korbgeflecht, schon ziemlich aufgeräufelt, und die Räder schwanken wie die Beine eines Trunkenbolds. Doch ist es ein treuer Diener; im Frühling nehmen wir es mit in die Wälder und füllen es mit Blumen, Kräutern und wildem Farn für unsere Verandatöpfe; im Sommer häufen wir es voller Picknicksachen und Angelruten aus Zuckerrohr und lassen es zum Ufer eines Flüsschens hinunterrollen; auch im Winter findet es Verwendung: als Lastwagen, um Feuerholz vom Hof zur Küche zu befördern, und als warmes Bett für Queenie, unsern zähen kleinen rotweißen Ratten fangenden Terrier, der die Staupe und zwei Klapperschlangenbisse überstanden hat. Queenie trippelt jetzt neben uns einher.

Drei Stunden darauf sind wir wieder in der Küche und entkernen eine gehäufte Wagenladung Hickory-Nüsse, die der Wind heruntergeweht hat. Vom Aufsammeln tut uns der Rücken weh: Wie schwer sie unter dem welken Laub und im frostfahlen, irreführenden Gras zu finden waren! (Die Haupternte war schon von den Eigentümern des Wäldchens – und das sind nicht wir – von den Bäumen geschüttelt und verkauft worden.) Krick-kräck! Ein lustiges Krachen, wie lauter Zwergen-Donnerschläge, wenn die Schalen zerbrechen und der goldene Hügel süßen, fetten sahnefarbenen Nussfleisches in der Milchglasschüssel höher steigt. Queenie bettelt um einen Kosthappen, und hin und wieder gönnt meine Freundin ihr verstohlen ein Krümchen, wenn sie auch beteuert, dass wir's nicht entbehren können. «Wir dürfen's nicht, Buddy! Wenn wir mal damit anfangen, nimmt's kein Ende. Und wir haben fast nicht genug. Für dreißig Früchtekuchen!» In der Küche dunkelt es. Die Dämmerung macht aus dem Fenster einen Spiegel: Unsre Spiegelbilder, wie wir beim Feuerschein vor dem Kamin arbeiten, mischen sich mit dem aufgehenden Mond. Endlich, als der Mond schon sehr hoch steht, werfen wir die letzte Nussschale in die Glut und sehen gemeinschaftlich seufzend zu, wie sie Feuer fängt. Das Wägelchen ist leer, die Schüssel ist bis zum Rande voller Nusskerne. Wir essen unser Abendbrot (kalte Biskuits, Brombeermus und Speck) und besprechen den nächsten Tag. Morgen beginnt der Teil der Arbeit, der mir am besten gefällt: das Einkaufen. Kandierte Kirschen und Zitronen, Ingwer und Vanille und Büchsen-Ananas aus Hawaii, Orangeat und Zitronat und Rosinen und Walnüsse und Whisky und, oh, was für eine Unmenge Mehl und Butter und so viele Eier und Gewürze und Aroma – jemine!, wir brauchen wohl gar ein Pony, um das Wägelchen nach Hause zu ziehen!

Doch ehe die Einkäufe gemacht werden können, muss die Geldfrage gelöst werden. Wir haben beide keins, abgesehen von kläglichen Summen, mit denen uns die Leute aus dem Haus gelegentlich versehen (ein Zehner gilt schon als sehr viel Geld), oder von dem, was wir auf mancherlei Art selbst verdienen, indem wir einen Ramschverkauf veranstalten oder Eimer voll handgepflückter Brombeeren und Gläser mit hausgemachter Marmelade, mit Apfelgelee und Pfirsichkompott verkaufen oder für Begräbnisse und Trauungen Blumen pflücken. Mal haben wir auch bei einem nationalen Fußball-Toto den neunundsiebzigsten Preis gewonnen, fünf Dollar! Nicht etwa, dass wir auch nur eine blasse Ahnung vom Fußball hätten! Es ist vielmehr so, dass wir einfach bei jedem Wettbewerb mitmachen, von dem wir hören. Augenblicklich richtet sich all unsre Hoffnung auf das große Preisausschreiben, bei dem man fünfzigtausend Dollar für den Namen einer neuen Kaffeesorte gewinnen kann (wir schlugen A. M.* vor, und nach einigem Zaudern – denn meine Freundin fand es möglicherweise frevelhaft – den Slogan *A. M. = Amen!*). Unser einziges wirklich einträgliches Unternehmen war, um die Wahrheit zu gestehen, das Unterhaltungs- und Monstrositäten-Kabinett, das wir vor zwei Jahren in einem Holzschuppen auf dem Hof eröffnet hatten. Die Unterhaltung lieferte ein Stereoptikon mit Ansichten aus Washington und New York, das uns eine Verwandte geliehen hatte, die dort gewesen war (als sie entdeckte, weshalb wir es geborgt hatten, wurde sie wütend); in der Monstrositäten-Abteilung hatten wir ein Küken mit drei Beinen, das eine von unsern eigenen Hennen ausgebrütet hatte. Jeder aus der ganzen Gegend wollte das Küken sehen: Wir verlangten von Erwachsenen einen Nickel und von Kindern zwei Cents und nahmen gute zwanzig Dollar ein, ehe das Kabinett infolge Ablebens seiner Hauptattraktion schließen musste.

Irgendwie jedoch sparen wir jedes Jahr unser Weihnachtsgeld zusammen, in einer Früchtekuchen-Kasse. Wir bewahren das Geld in einem Versteck auf: in einer alten, perlenbestickten Geldbörse unter einer losen Diele unter dem Estrich unter dem Nachttopf unter dem Bett meiner Freundin. Die Geldbörse wird selten aus dem sicheren Gewahrsam hervorgeholt, es sei denn, um eine Einlage zu machen oder, wie es jeden Samstag vorkommt, um etwas abzuheben; denn samstags darf ich zehn Cents haben, um ins Kino zu gehen. Meine Freundin ist noch niemals in einem Kino gewesen und hat auch nicht die Absicht, je

* a. m. = ante meridiem = vormittags

hinzugehen. «Lieber lass ich mir die Geschichte von dir erzählen, Buddy! Dann kann ich's mir viel schöner ausmalen. Außerdem muss man in meinem Alter mit seinem Augenlicht schonend umgehen. Wenn der HERR kommt, möchte ich IHN deutlich erkennen.» Aber nicht nur, dass sie nie in einem Kino war: Sie hat auch nie in einem Restaurant gegessen, ist nie weiter als zehn Kilometer von zu Hause fort gewesen, hat nie ein Telegramm erhalten oder abgeschickt, hat nie etwas anderes gelesen als das Witzblatt und die Bibel, hat sich nie geschminkt, hat nie geflucht, nie jemandem etwas Böses gewünscht, nie absichtlich gelogen und nie einen hungrigen Hund von der Tür gescheucht. Und nun ein paar von den Dingen, die sie getan hat und noch tut: mit einer Hacke die größte Klapperschlange totgeschlagen, die man jemals hierzulande gesehen hat (mit sechzehn Klappern), nimmt Schnupftabak (heimlich), zähmt Kolibris (versucht's nur mal!), bis sie ihr auf dem Finger balancieren, erzählt Geistergeschichten (wir glauben beide an Geister), aber so gruselige, dass man im Juli eine Gänsehaut bekommt, hält Selbstgespräche, geht gern im Regen spazieren, zieht die schönsten Japonikas der Stadt und kennt das Rezept für jedes alte indianische Hausmittel, auch den Warzenzauber.

Jetzt, nach beendetem Abendbrot, ziehen wir uns in einen abgelegenen Teil des Hauses in das Zimmer zurück, in dem meine Freundin in einem eisernen Bett schläft, das in ihrer Lieblingsfarbe, Rosa, gestrichen und mit einer bunten Flickerlsteppdecke zugedeckt ist. Stumm und in Verschwörerwonnen schwelgend, holen wir die Perlenbörse aus ihrem geheimen Versteck und schütten ihren Inhalt auf die Flickerldecke: Dollarscheine, fest zusammengerollt und grün wie Maiknospen; düstere Fünfzig-

Cent-Stücke, schwer genug, um einem Toten die Lider zu schließen; hübsche Zehner, die munterste Münze, eine, die wirklich silbern klingelt; Nickel und Vierteldollars, glatt geschliffen wie Bachkiesel; aber hauptsächlich ein hassenswerter Haufen bitter riechender Pennys. Im vergangenen Sommer verpflichteten sich die andern im Haus, uns für je fünfundzwanzig totgeschlagene Fliegen einen Penny zu zahlen. Oh, welch Gemetzel im August: Wie viel Fliegen flogen in den Himmel! Doch es war keine Beschäftigung, auf die man stolz sein konnte. Und während wir jetzt dasitzen und die Pennys zählen, ist es uns, als ob wir wieder Tote-Fliegen-Tabellen aufstellten. Wir haben beide keinen Zahlensinn: Wir zählen langsam, kommen durcheinander und müssen wieder von vorn anfangen. Aufgrund ihrer Berechnungen haben wir zwölf Dollar dreiundsiebzig. Aufgrund meiner genau dreizehn Dollar. «Hoffentlich hast du dich verzählt, Buddy! Mit dreizehn können wir nichts anfangen. Dann gehen uns die Kuchen nicht auf. Oder jemand stirbt daran. Wo es mir doch nicht im Traum einfallen würde, am Dreizehnten aufzustehen!» Es ist wahr: Den Dreizehnten jeden Monats verbringt sie im Bett. Um also ganz sicher zu gehen, nehmen wir einen Penny und werfen ihn aus dem Fenster.

Von den Zutaten, die wir für unsere Früchtekuchen brauchen, ist Whisky am teuersten, und er ist auch am schwierigsten zu beschaffen. Das Gesetz verbietet den Verkauf in unserem Staat. Doch jedermann weiß, dass man bei Mr. Haha Jones eine Flasche kaufen kann. Und am folgenden Tag, nachdem wir unsere prosaischeren Einkäufe gemacht haben, begeben wir uns zu Mr. Hahas Geschäftslokal, einem nach Ansicht der Leute «lasterhaften» Fischrestaurant und Tanzcafé unten am Fluss. Wir sind schon früher dort gewesen und um das Gleiche zu besorgen; doch in den voraufgegangenen Jahren hatten wir mit Hahas Frau zu tun, einer jodbraunen Indianerin mit messinggelb gebleichtem Haar, die stets todmüde ist. Ihren Mann haben wir noch nie zu Gesicht bekommen, obwohl wir gehört haben, dass er auch ein Indianer ist. Ein Riese mit tiefen Rasiermessernarben auf beiden Backen. Er wird «Haha» genannt, weil er so düster ist – ein Mann, der nie lacht. Je mehr wir uns seinem Café nähern (einer großen Blockhütte, die innen und außen mit grellbunten Ketten nackter elektrischer Birnen bekränzt ist und am schlammigen Flussufer steht, im Schatten von Uferbäumen, durch deren Zweige die Flechten wie graue Nebel wehen), umso langsamer werden unsere Schritte. Sogar Queenie hört auf zu springen und geht bei Fuß. In Hahas Café sind schon Leute ermordet worden. Aufgeschlitzt. Den Schädel eingeschlagen. Im nächsten Monat wird wieder ein Fall vor Gericht verhandelt. Natürlich ereignen sich solche Vorfälle in der Nacht, wenn die bunten Lämpchen verrückte Muster bilden und das Grammophon winselt. Am Tage ist Hahas Café schäbig und öde. Ich klopfe an die Tür, Queenie bellt, und meine Freundin ruft: «Mrs. Haha, Ma'am? Ist jemand da?» Schritte. Die Tür geht auf. Das Herz bleibt uns stehen. Es ist Mr. Haha Jones persönlich! Und er ist tatsächlich ein Riese; er hat tatsächlich Narben; er lächelt tatsächlich nicht. Nein, aus schräg stehenden Satansaugen stiert er uns finster an und begehrt zu wissen: «Was wollt ihr von Haha?»

Einen Augenblick sind wir zu betäubt, um zu sprechen. Dann findet meine Freundin ihre Stimme wieder, bringt aber nicht mehr als ein Flüstern zustande: «Bitte schön,

Mr. Haha, wir möchten gern einen Liter von Ihrem besten Whisky!»

Seine Augen werden noch schräger. Nicht zu glauben. Haha lächelt! Er lacht sogar! «Wer von euch beiden ist denn fürs Trinken?»

«Wir brauchen den Whisky für Früchtekuchen, Mr. Haha. Zum Backen!»

Das ernüchtert ihn. Er zieht die Augenbrauen zusammen. «Ist doch keine Art, guten Whisky zu verschwenden!» Trotzdem verzieht er sich in das schattige Café und erscheint ein paar Sekunden darauf mit einer Flasche butterblumengelben Alkohols ohne Etikett. Er lässt den Whisky im Sonnenlicht funkeln und sagt: «Zwei Dollar!»

Wir zahlen – mit Nickeln und Zehnern und Pennys. Plötzlich wird sein Gesicht weich, und er klimpert mit den Münzen in seiner Hand, als ob's eine Faust voll Würfel wäre. «Ich will euch was sagen», schlägt er uns vor und lässt das Geld wieder in unsere Perlbörse rutschen, «schickt mir stattdessen einen von euren Früchtekuchen!»

«Nein, wirklich», sagt meine Freundin auf dem Heimweg, «was für ein reizender Mann! In seinen Früchtekuchen tun wir eine ganze Tasse Rosinen extra!»

Der schwarze Herd, der mit Kleinholz und Kohle gefüttert wird, glüht wie eine ausgehöhlte Kürbislaterne. Schneebesen schwirren, Löffel mahlen in Schüsseln voll Butter und Zucker, Vanille durchduftet die Luft, Ingwer würzt sie; schmelzende, die Nase kitzelnde Gerüche durchtränken die Küche, überschwemmen das ganze Haus und schweben mit den Rauchwölkchen durch den Kamin in die Welt hinaus. In vier Tagen haben wir die Arbeit geschafft. Einunddreißig Kuchen, mit Whisky befeuchtet, lagern warm auf Fensterbrettern und Regalen.

Für wen sind sie?

Für Freunde. Nicht unbedingt für Nachbarn. Nein, der größte Teil ist für Leute bestimmt, die wir vielleicht einmal, vielleicht auch nie gesehen haben. Leute, die unsere Phantasie beschäftigen. Wie der Präsident Roosevelt. Wie Ehrwürden und Mrs. J. C. Lucey, Baptisten-Missionare auf Borneo, die im vergangenen Winter hier einen Vortrag hielten. Oder der kleine Scherenschleifer, der zweimal jährlich durchs Städtchen kommt. Oder Abner Packer, der Fahrer vom Sechs-Uhr-Autobus aus Mobile, der uns tagtäglich zuwinkt, wenn er in einer Staubwolke vorüberbraust. Oder die jungen Winstons, ein Ehepaar aus Kalifornien, deren Wagen eines Tages vor unserer Haustür eine Panne hatte und die eine Stunde lang so nett mit uns auf der Veranda verplauderten (Mr. Winston machte eine Aufnahme von uns, die einzige, die es von uns beiden gibt). Kommt es wohl daher, weil meine Freundin vor jedermann mit Ausnahme von Fremden scheu ist, dass uns die Fremden, flüchtige Zufallsbekannte, als unsre wahren Freunde erscheinen? Ich glaube, ja. Und die Sammelbücher, in die wir die Danksagungen auf Regierungsbriefpapier und hin und wieder eine Mitteilung aus Kalifornien oder Borneo und die Penny-Postkarten vom Scherenschleifer einkleben, geben uns das Gefühl, mit ereignisreicheren Welten verbunden zu sein, als es die Küche mit dem Blick auf einen abgeschnittenen Himmel ist.

Jetzt schabt ein dezemberkahler Feigenbaumzweig gegen das Fenster. Die Küche ist leer; die Kuchen sind fort. Gestern haben wir die letzten im Wägelchen zur Post gefahren, wo der Ankauf von Briefmarken unsere Börse umgestülpt hat. Wir sind pleite. Ich bin deswegen ziemlich niedergeschlagen, aber meine Freundin besteht darauf zu feiern, und zwar mit einem zwei Finger breiten Rest Whisky in Hahas Flasche. Queenie bekommt einen Teelöffelvoll in ihren Kaffeenapf (sie nimmt ihren Kaffee gern stark und mit Zichorie gewürzt). Das Übrige verteilen wir auf zwei leere Geleegläser. Wir sind beide ganz ängstlich, dass wir unverdünnten Whisky trinken wollen; der Geschmack zieht uns das Gesicht zusammen, und wir müssen uns grimmig schütteln. Aber allmählich fangen wir an zu singen, und gleichzeitig singen wir beide zwei verschiedene Lieder. Ich kann die Worte meines Liedes nicht richtig, bloß: *Kommt nur all, kommt nur all, in der Niggerstadt ist Stutzerball!* Aber ich kann tanzen. Stepptänzer im Film, das will ich nämlich werden. Mein tanzender Schatten hüpft über die Wände, von unseren Stimmen zittert das Porzellan, wir kichern, als ob unsichtbare Hände uns kitzelten. Queenie wälzt sich auf dem Rücken, ihre Pfoten trommeln durch die Luft, eine Art Grinsen verzerrt ihre schwarzen Lippen. Innerlich bin ich so warm und feurig wie die zerbröckelnde Glut der Holzscheite und so sorglos wie der Wind im Kamin. Meine Freundin walzt um den Kochherd und hält den Saum ihres billigen Kattunrocks zwischen den Fingerspitzen, als ob er ein Ballkleid wäre. *Zeig mir den Weg, der nach Hause führt*, singt sie, und ihre Tennisschuhe quietschen über den Fußboden. *Zeig mir den Weg, der nach Hause führt!*

Es treten auf: zwei Verwandte. Sehr empört. Allgewaltig mit Augen, die schelten, mit Zungen, die ätzen. Hört zu, was sie zu sagen haben und wie die Worte in zorniger Melodie übereinander purzeln: «Ein kleiner siebenjähriger Junge! Der nach Whisky riecht! Bist du von Gott verlassen? Einem Siebenjährigen so etwas zu geben! Musst verrückt geworden sein! Der Weg, der ins Verderben führt! Hast wohl Base Kate vergessen? Und Onkel Charlie? Und Onkel Charlies Schwager? Schande! Skandal! Demütigend! Kniet nieder und betet, betet zum HERRN!» Queenie verkriecht sich unter dem Herd. Meine Freundin starrt auf ihre Schuhe, ihr Kinn zittert, sie hebt den Rock, schnaubt sich die Nase und läuft in ihr Zimmer. Lange nachdem die Stadt schlafen gegangen und das Haus verstummt ist und nur noch das Schlagen der Turmuhr und das Wispern der erlöschenden Glut verbleibt, weint sie in ihr Kissen hinein, das schon so nass ist wie ein Witwentaschentuch.

«Weine doch nicht!», sage ich zu ihr. Ich sitze am Fußende ihres Bettes und zittere meinem Flanellnachthemd zum Trotz, das noch nach dem Hustensaft vom vorigen Winter riecht; «weine doch nicht!», bitte ich sie und kitzle sie an den Zehen und an den Fußsohlen. «Du bist zu alt dafür!»

«Das ist's ja», schluchzt sie, «ich *bin* zu alt. Alt und komisch.»

«Nicht komisch. Lustig. Mit keinem ist's so lustig wie mit dir. Lass doch! Wenn du nicht aufhörst mit Weinen, bist du morgen so müde, dass wir nicht fortgehen und den Baum abhacken können.»

Sie richtet sich auf. Queenie springt aufs Bett (was sie sonst nicht darf) und leckt ihr die Wangen. «Ich weiß eine Stelle, Buddy, wo es wunderschöne Bäume gibt. Und auch Stechpalmen. Mit Beeren, so groß wie deine Augen. Weit weg im Wald. Weiter, als wir je gewesen sind. Papa hat dort immer unsern Weihnachtsbaum geholt und auf der Schulter nach Hause getragen. Das war vor fünfzig Jahren. Ach, ich kann's gar nicht mehr abwarten, bis es morgen früh ist.»

Am andern Morgen. Das Gras funkelt im Raureif. Die Sonne, rund wie eine Orange und orangerot wie Heißwettermonde, tänzelt über den Horizont und überglüht die versilberten Winterwälder. Ein wilder Truthahn ruft. Im Unterholz grunzt ein ausgerissenes Schwein. Bald sind wir am Rand eines knietiefen, schnell fließenden Wassers und müssen das Wägelchen stehen lassen. Queenie watet zuerst durch den Bach, paddelt hinüber und bellt klagend, weil die Strömung rasch ist und das Wasser so kalt, um Lungenentzündung zu bekommen. Wir folgen und halten unsre Schuhe und unsere Ausrüstung (ein Beil und einen Jutesack) über den Kopf. Noch fast zwei Kilometer weiter: Strafende Dornen, Kletten und Brombeerranken verhäkeln sich in unsern Kleidern; rostrote Kiefernnadeln leuchten mit grellbunten Schwämmen und ausgefallenen Vogelfedern. Hier und dort erinnern uns ein Aufblitzen, ein Flattern und ein schrilles Aufkreischen daran, dass nicht alle Vögel gen Süden gezogen sind. Immer wieder windet sich der Pfad durch zitronengelbe Sonnentümpel und pechdunkle Rankentunnel. Dann ist noch ein Bach zu überqueren: Von einer aufgescheuchten Armada gesprenkelter Forellen schäumt das Wasser um uns her, und Frösche von Tellergröße üben sich im Bauchsprung; Biber-Baumeister arbeiten an einem Damm. Am andern Ufer steht Queenie, schüttelt sich und zittert. Auch meine Freundin zittert, aber nicht vor Kälte, sondern vor Begeisterung. Als sie den Kopf hebt, um die kiefernduftschwere Luft einzuatmen, wirft eine von den zerlumpten Rosen auf ihrem Hut ein Blütenblatt ab. «Wir sind gleich dort, Buddy! Riechst du ihn schon?», fragt sie, als ob wir uns einem Ozean näherten.

Und es ist wirklich eine Art Ozean. Duftende Bestände

von Festtagsbäumen, stachelblättrige Stechpalmen. Rote Beeren, die wie chinesische Ballonblumen blinken: Schwarze Krähen stoßen krächzend auf sie nieder. Nachdem wir unseren Jutesack so mit Grünzeug und roten Beeren voll gestopft haben, dass wir ein Dutzend Fenster bekränzen können, machen wir uns daran, einen Baum zu wählen. «Er soll zweimal so groß wie ein Junge sein», sagt meine Freundin nachdenklich. «Damit ein Junge nicht den Stern stibitzen kann.» Der Baum, den wir schließlich auswählen, ist zweimal so hoch wie ich. Ein wackerer, schmucker Geselle, hält er dreißig Beilhieben stand, bevor er krachend mit durchdringendem Schrei umkippt. Dann beginnt der lange Treck nach draußen: Wir schleppen ihn wie ein Stück Jagdbeute ab. Alle paar Meter geben wir den Kampf auf, setzen uns hin und keuchen. Aber wir haben die Kraft siegreicher Jäger; das und der starke, eisige Duft des Baumes beleben uns und spornen uns an. Auf der Rückkehr zur Stadt, bei Sonnenuntergang die rote Lehmstraße entlang, begleiten uns zahlreiche Komplimente; doch meine Freundin ist listig und verschwiegen, wenn Vorübergehende den in unserm Wägelchen thronenden Schatz loben: Was für ein schöner Baum und woher er käme. «Von da drüben», murmelt sie unbestimmt.

Einmal hält ein Wagen, und die träge Frau des reichen Mühlenbesitzers lehnt sich hinaus und plärrt: «Ich geb euch 'n Vierteldollar für den schäbigen Baum!» Im Allgemeinen sagt meine Freundin nicht gern nein; aber diesmal schüttelt sie sofort den Kopf: «Auch nicht für 'n Dollar!» Die Frau des Mühlenbesitzers lässt nicht locker. «'n Dollar? Ist ja verrückt! Fünfzig Cents – das ist mein letztes Wort. Meine Güte, Frau, ihr könnt euch ja 'n andern holen!» Anstatt einer Antwort spricht meine Freundin sanft

und nachdenklich vor sich hin: «Da hab ich meine Zwei-
fel. Zweimal das Gleiche: Das gibt's nicht auf der Welt.»

Zu Hause. Queenie sackt vor dem Kamin zusammen und
schläft, laut wie ein Mensch schnarchend, bis zum nächsten Morgen.

Ein Koffer in der Bodenkammer enthält: einen Schuhkarton voller Hermelinschwänze (vom Opernumhang
einer merkwürdigen Dame, die mal im Haus ein Zimmer ge-
mietet hatte), Ketten zerfransten Lamettas, das vor Alter
goldbraun wurde, einen Silberstern und eine kurze Schnur
mit altersschwachen, bestimmt gefährlichen, kerzenförmi-
gen elektrischen Birnen. Ausgezeichneter Schmuck, soweit
vorhanden, und das ist nicht viel: Meine Freundin möchte,
dass unser Baum strahlt «wie ein Baptisten-Fenster» und
dass er die Zweige unter Schneelasten von Schmuck nie-
derhängen lässt. Doch die *Made in Japan*-Herrlichkeiten
des Einheitspreisladens können wir uns nicht leisten. Daher machen wir, was wir immer gemacht haben: Wir sitzen
mit Schere und Bleistift und Stapeln von Buntpapier tage-
lang am Küchentisch. Ich mache Skizzen, und meine
Freundin schneidet sie aus: eine Menge Katzen, auch Fische (weil sie leicht zu zeichnen sind), ein paar Äpfel, ein
paar Wassermelonen, ein paar Engel mit Flügeln, die wir
aus aufgespartem Silberpapier von Hershey-Riegeln zu-
rechtbasteln. Wir benutzen Sicherheitsnadeln, um unsre
Kunstwerke am Baum zu befestigen. Um ihm den letzten
Schliff zu geben, bestreuen wir die Zweige mit zerschnit-
tener Baumwolle (die wir zu diesem Zweck im August selber gepflückt haben). Meine Freundin betrachtet die Wirkung prüfend und schlägt die Hände zusammen. «Nun sag
mal ehrlich, Buddy: Sieht's nicht zum Fressen schön aus?»
Queenie versucht, einen Engel zu fressen.

Nachdem wir Stechpalmengirlanden für sämtliche Vorderfenster geflochten und mit Bändern umwunden haben, besteht unsere nächste Aufgabe im Fabrizieren von Geschenken für die Familie. Halstücher für die Damen aus Schnurbatik, für die Herren ein hausgemachter Sirup aus Zitronen, Lakritzen und Aspirin, einzunehmen «bei den ersten Symptomen einer Erkältung» sowie nach der Jagd. Aber als es an der Zeit ist, unsere gegenseitigen Geschenke vorzubereiten, trennen wir uns, um im Geheimen zu arbeiten. Kaufen würde ich ihr gern: ein Messer mit Perlmuttergriff, ein Radio, ein ganzes Pfund Kirsch-Pralinés (wir haben mal ein paar gekostet, und seither beteuert sie: «Davon könnt ich leben, Buddy, weiß Gott, das könnt ich – und hab Seinen Namen damit nicht unnütz in den Mund genommen.»). Stattdessen baue ich ihr einen Drachen. Und sie würde mir gern ein Fahrrad kaufen. (Sie hat's mir schon millionenmal gesagt: «Wenn ich's nur könnte, Buddy! 's ist schlimm genug, wenn man im Leben auf etwas verzichten muss, was man selbst gern haben möchte; aber was mich, zum Kuckuck, richtig verrückt macht, ist, wenn man einem andern nicht das schenken kann, was man ihm so sehr wünscht! Doch eines Tages tu ich's, Buddy! Ich verschaffe dir ein Rad! Frag mich nicht, wie. Vielleicht stehl ich's.» Stattdessen, davon bin ich ziemlich überzeugt, baut sie mir wahrscheinlich auch einen Drachen – ebenso wie voriges Jahr und das Jahr davor: Und ein Jahr noch weiter davor haben wir uns gegenseitig Schleudern gebastelt. Was mir alles sehr recht ist. Denn wir sind Champions im Drachensteigenlassen und studieren den Wind wie die Matrosen; meine Freundin, die mehr Talent hat als ich, kann einen Drachen in die Lüfte schicken, wenn nicht mal so viel Brise da ist, um die Wolken zu tragen.

Am Heiligabend kratzen wir nachmittags einen Nickel zusammen und gehen zum Metzger, um Queenies herkömmliches Geschenk, einen guten, abnagbaren Rindsknochen, zu kaufen. Der Knochen wird in lustiges Papier gewickelt und hoch in den Baum gehängt, in die Nähe des Silbersterns. Queenie weiß, dass er da ist. Sie hockt am Fuß des Baumes und starrt, vor Gier gebannt, nach oben: Als es Schlafenszeit ist, weigert sie sich, von der Stelle zu gehen. Ihre Aufregung ist ebenso groß wie meine eigene. Ich zerwühle meine Bettdecken und drehe das Kopfkissen herum, als hätten wir eine sengend heiße Sommernacht. Irgendwo kräht ein Hahn: Irrtümlicherweise, denn die Sonne ist noch auf der andern Seite der Erde.

«Buddy, bist du wach?» Es ist meine Freundin, die von ihrem Zimmer aus ruft, das neben meinem liegt; und einen Augenblick drauf sitzt sie auf meinem Bettrand und hält eine Kerze in der Hand. «Ach, ich kann kein Auge zumachen», erklärt sie. «Meine Gedanken hüpfen wie Kaninchen herum. Buddy, glaubst du, dass Mrs. Roosevelt unsern Kuchen zum Weihnachtsessen auftragen lässt?» Wir kuscheln uns im Bett zusammen, und sie drückt mir die Hand. «Hab-dich-lieb». «Mir scheint, deine Hand war früher viel kleiner. Ach, mir ist's schrecklich, wenn du älter wirst! Wenn du groß bist – ob wir dann noch Freunde sind?» Ich antworte, immer! «Aber ich bin so traurig, Buddy! Ich wollte dir so gern ein Fahrrad schenken. Ich hab versucht, die Kameenbrosche zu verkaufen, die Papa mir geschenkt hatte. Buddy ...» Sie stockt, als sei sie zu verlegen. «Ich hab dir wieder einen Drachen gemacht!» Dann gestehe ich, dass ich ihr auch einen gemacht habe, und wir lachen. Die Kerze brennt so weit herunter, dass man sie nicht mehr halten kann. Sie geht aus, und der

Sternenschimmer ist wieder da, und die Sterne kreisen vor dem Fenster wie ein sichtbares Jubilieren, das der Anbruch des Tages langsam, ach, so langsam zum Verstummen bringt. Vielleicht schlummern wir ein bisschen; aber die Morgendämmerung spritzt uns wie kaltes Wasser ins Gesicht: Wir sind auf, mit großen Augen, und wandern umher und warten, dass die andern aufwachen. Mit voller Absicht lässt meine Freundin einen Kessel auf den Küchenfußboden fallen. Ich stepptanze vor verschlossenen Türen. Eins ums andere tauchen die Familienmitglieder auf und sehen aus, als ob sie uns am liebsten umbringen würden; aber es ist Weihnachten, daher können sie's nicht. Zuerst gibt's ein großartiges Frühstück; es ist einfach alles da, was man sich nur vorstellen kann: von Pfannkuchen und Eichhörnchenbraten bis zu Maisgrütze und Wabenhonig. Was alle in gute Laune versetzt, mich und meine Freundin ausgenommen. Offen gestanden können wir vor Ungeduld, dass es endlich mit den Geschenken losgehen soll, keinen Bissen essen.

Leider bin ich enttäuscht. Das wäre wohl jeder. Socken, ein Sonntagsschulhemd, ein paar Taschentücher, ein fertig gekaufter Sweater und ein Jahresabonnement auf eine fromme Zeitschrift für Kinder: *Der kleine Hirte*. Ich platze vor Ärger. Wahrhaftig!

Meine Freundin macht einen besseren Fang. Ein Beutel mit Satsuma-Mandarinen – das ist ihr bestes Geschenk. Sie selbst ist jedoch stolzer auf einen weißwollenen Schal, den ihre verheiratete Schwester ihr gestrickt hat. Aber *sagen* tut sie, ihr schönstes Geschenk sei der Drachen, den ich ihr gebaut habe. Und er *ist* auch sehr schön, wenn auch nicht ganz so schön wie der, den sie mir gemacht hat, denn der ist blau und übersät mit goldenen und grünen

Leitsternen, und außerdem ist noch mein Name, Buddy, draufgemalt. «Buddy, der Wind weht!»

Der Wind weht, und alles andere ist uns einerlei, bis wir zum Weideland hinter dem Haus gerannt sind, wo Queenie hingerast ist, um ihren Knochen zu vergraben (und wo sie selbst einen Winter drauf begraben wird). Dort tauchen wir in das gesunde, gürtelhohe Gras, wickeln an unsern Drachen die Schnur auf und fühlen, wie sie gleich Himmelsfischen an der Schnur zerren und in den Wind hineinschwimmen. Zufrieden und sonnenwarm lagern wir uns im Gras, schälen Mandarinen und sehen den Kunststückchen unsrer Drachen zu. Bald habe ich die Socken und den fertig gekauften Sweater vergessen. Ich bin so glücklich, als hätten wir beim Großen Preisausschreiben die fünfzigtausend Dollar für den Kaffeenamen gewonnen.

«Ach, wie dumm ich auch bin», ruft meine Freundin und ist plötzlich so munter wie eine Frau, der es zu spät einfällt, dass sie einen Kuchen im Ofen hat. «Weißt du, was ich immer geglaubt habe?», fragt sie mit Entdeckerstimme und lächelt nicht mich an, sondern über mich hinaus. «Ich hab immer gedacht, der Mensch müsste erst krank werden und im Sterben liegen, ehe er den HERRN zu Gesicht bekommt. Und ich hab mir vorgestellt, wenn ER dann käme, wär's so, wie wenn man auf das Baptisten-Fenster schaut: schön wie farbiges Glas, durch das die Sonne scheint, und solch ein Glanz, dass man nicht merkt, wenn's dunkel wird. Und es ist mir ein Trost gewesen, an den Glanz zu denken, der alles Spukgefühl fortjagt. Aber ich wette, dass es gar nicht so kommt. Ich wette, zuallerletzt begreift der Mensch, dass der HERR sich bereits gezeigt hat. Dass einfach alles, wie es ist (ihre Hand beschreibt einen Kreis, der Wolken und Drachen und Gras und Queenie einschließt, die eifrig Erde über ihren Knochen scharrt), und eben das, was der Mensch schon immer gesehen hat – dass das ‹IHN-Sehen› war. Und ich – ich könnte mit dem Heute in den Augen die Welt verlassen.»

Es ist unser letztes gemeinsames Weihnachten. Das Leben trennt uns. Die Alles-am-besten-Wisser bestimmen, dass ich auf eine Militärschule gehöre. Und so folgt eine elende Reihe von Gefängnissen mit Signalhörnern oder grimmigen, von Reveille-Klängen verpesteten Sommerlagern. Ich habe auch ein neues Zuhause. Aber das zählt nicht. Zu Hause ist dort, wo meine Freundin ist, und ich komme nie dorthin.

Und sie bleibt dort und kramt in der Küche herum. Allein mit Queenie. Dann ganz allein. («Liebster Buddy», schreibt sie in ihrer wilden, schwer leserlichen Schrift, «gestern hat Jim Macys Pferd ausgeschlagen und Queenie einen schlimmen Tritt versetzt. Sei dankbar, dass sie nicht viel gespürt hat. Ich hab sie in ein feines Leinentuch eingewickelt und im Wägelchen zu Simpsons Weideland hinuntergefahren, wo sie nun bei all ihren vergrabenen Knochen ist.») Ein paar Novembermonate hindurch fährt sie noch fort, alleine Früchtekuchen zu backen; nicht so viele wie früher, aber einige, und natürlich schickt sie mir immer das «Prachtexemplar». Sie fügt auch in jedem Brief einen dick in Toilettenpapier eingewickelten Zehner bei: «Geh in einen Film und erzähl mir im nächsten Brief die Geschichte!» Aber allmählich verwechselt sie mich in ihren Briefen mit ihrem andern Freund, mit dem Buddy, der in den achtziger Jahren starb. Immer häufiger ist der Dreizehnte nicht der einzige Tag des Monats, an dem sie im Bett bleibt. Und es kommt ein Morgen im November, der Anbruch eines blätterkahlen, vogelstummen Wintermorgens, an dem sie sich nicht aufraffen kann, um auszurufen: «Oje, 's ist Früchtekuchen-Wetter!»

Und als *das* geschieht, weiß ich Bescheid. Der Brief, der es mir mitteilt, bestätigt nur die Meldung, die eine geheime Ader schon erhalten hat und durch die ein unersetzbares Teil meiner selbst von mir getrennt und freigelassen wird wie ein Drachen an einer gerissenen Schnur. Deshalb muss ich jetzt an diesem bestimmten Dezembermorgen, während ich über den Schul-Campus wandere, immer wieder den Himmel absuchen. Als ob ich erwarte, ein verirrtes Drachenpaar zu sehen, das, fast zwei Herzen gleichend, gen Himmel eilt.

Cornelia Funke

Das unsichtbare Rentier

Die Kobolde bekam Charlotte nicht zu sehen. Als sie
von ihrer Mutter abgeholt wurde, lagen die kleinen
Kerle immer noch schnarchend in der Schublade. Ben
freute das.

«In einer Stunde vorne an der Ecke», flüsterte Charlotte ihm zu, bevor sie mit ihrer Mutter verschwand. Ben
nickte mürrisch – und war endlich wieder allein mit Julebukk und den Engeln.

Er half Matilda und Emmanuel beim Teigkneten, sah
zu, wie Julebukk mit viel Mühe die faulen Kobolde
weckte, und nähte ihm den abgerissenen Bommel an seine
Kapuze. Er konnte ganz gut nähen. Seine Mutter hatte es
ihm beigebracht, weil sie keine Lust hatte, ewig seine
Knöpfe anzunähen.

«Du magst sie nicht, was?», fragte Julebukk, gerade als
Ben den Faden einfädelte.

Vor Schreck stach er sich in den Finger.

«Warum nicht?», fragte Julebukk. «Sie hat sehr
schöne Träume, weißt du? Schöne und schlimme.»

Ben wusste beim besten Willen nicht, was das damit zu tun hatte. «Sie ist ein Mädchen», brummte er und machte einen Knoten in den Faden.

«Aha», sagte Julebukk. «Und? Matilda ist auch ein Mädchen.»

«Das ist was anderes», murmelte Ben.

«Aha», sagte Julebukk wieder. Dann sah er nachdenklich aus dem Fenster.

Ben kam zehn Minuten zu spät zum Treffpunkt. Ausgerechnet Willi war ihm über den Weg gelaufen, als er aus Julebukks Wagen kam. Dem hatte er erst mal was vorlügen müssen. Schließlich konnte er ihm schlecht sagen, dass er mit dem Mausgesicht verabredet war, um ein unsichtbares Rentier zu fangen. Aber da Ben immer stotterte, wenn er log, war Willi nun beleidigt. Auch das noch.

Charlotte wartete schon. Frierend trat sie von einem Fuß auf den anderen. Ihr Hund rannte um sie herum und wickelte ihr die Leine um die Beine.

«Hallo», sagte Ben und kraulte den Hund hinter den Ohren. Er hätte selbst auch gern einen gehabt, aber seine Eltern wollten nicht. «Himmel, all die Haare», sagte seine Mutter immer, «und dauernd lecken sie an was herum. Nein, Fische kannst du haben. Wie wär's damit?» Ben wollte keine Fische.

«Hast du die Zügel?», fragte das Mausgesicht.

Ben nickte, zog sie aus der Tasche und hielt sie dem Hund unter die Nase. Der schnüffelte sehr interessiert daran herum. Aber dann steckte er die Nase in Bens andere Jackentasche. Da war das Marzipan drin.

Charlotte lachte. «He, weg da! Das ist nicht für dich!»

127

Sie zog den Hund zurück und hielt Ben die Leine hin. «Willst du sie mal halten?»

«Danke», murmelte Ben und nahm die Leine. War ein gutes Gefühl.

Charlotte nahm ihm die Rentierzügel ab und hielt sie Wutz nochmal unter die Nase. «Los, such», sagte sie.

Und das tat Wutz. Schnuppernd und schnüffelnd, die Nase immer auf dem Boden, zerrte sie Ben von Straße zu Straße. Charlotte kam kaum hinterher.

«Dieses Rentier muss ja köstlich stinken!», rief sie.

Ben nickte nur. Er fühlte sich wunderbar. Stundenlang hätte er so mit Wutz durch die Straßen laufen können, Stunden, Tage, Wochen, immer. Selbst die Gesellschaft von Mausgesicht störte ihn nicht. Er hatte immer gedacht, dass Mädchen pausenlos reden, dass sie einem die Wörter kübelweise über den Kopf gießen. Aber Charlotte sagte kaum was. Seite an Seite liefen sie durch die winterlichen Straßen, bis Wutz plötzlich in eine der großen Einkaufsstraßen einbog. Zielstrebig steuerte sie auf das größte Kaufhaus der Stadt zu.

«O nein!» Charlotte blieb stehen. «Es wird doch wohl nicht da drin sein?»

Der Gedanke behagte Ben auch überhaupt nicht. Aber Wutz war schon vor der großen Eingangstür und versuchte ihn hineinzuzerren.

«Was machen wir nun?», fragte Charlotte. «Sie darf da nicht mit rein. Und wie sollen wir das Vieh ohne sie finden?»

Ben zuckte die Achseln. «Vielleicht – vielleicht findet es uns? Ich mein – das Marzipan?»

«Ich weiß nicht», Charlotte band Wutz neben dem Eingang an und tätschelte ihr den Kopf. «Da drin stapelt sich doch das Marzipan. Wie soll das Rentier da ausgerechnet unseres finden?»

Ratlos sahen sie sich an.

«Ich glaub, wir sollten einfach mal reingehen», sagte Ben.

Charlotte nickte. «Okay.»

Sie streichelten Wutz zum Abschied den Kopf und stürzten sich ins Getümmel.

Das Gedränge war furchtbar. Mühsam zwängten sie sich zwischen Busen und Bäuchen durch, wichen voll gepackten Einkaufstaschen und Kinderwagen mit brüllenden Babys aus und standen schließlich erschöpft auf der Rolltreppe ins Untergeschoss – Süßigkeiten und Lebensmittel. Weihnachtsmusik hing klebrig in der dicken Luft, überall standen Nikoläuse und Engel mit Glitzerhaar. Ben stolperte von der Rolltreppe und stieß gegen einen riesigen Plastikweihnachtsbaum.

«Kannst du nicht aufpassen?», fuhr ihn eine Verkäuferin an. Ben warf ihr einen finsteren Blick zu und sah sich nach Charlotte um. Aber er konnte sie nirgends entdecken. Kein Wunder, dachte Ben, bei der Größe. Plötzlich spürte er etwas Feuchtes an seiner Hand, feucht und kalt. Er fuhr herum. Aber da war nichts zu sehen. Nur Menschen, die sich mit zusammengekniffenen Lippen zur Rolltreppe durchkämpften oder in Sonderangeboten herumwühlten.

«Charlotte!» Ben stellte sich auf die Zehenspitzen und hielt weiter Ausschau nach dem Mausgesicht. Irgendwer schubste ihn heftig in den Rücken, sodass er fast auf die Nase fiel. Ärgerlich drehte er sich um, aber da war niemand. Wirklich niemand. Die Leute machten einen Bogen um Ben, als hätte er einen unsichtbaren Zaun hinter sich aufgebaut. Unsichtbar! Etwas knabberte an seinem Ärmel, zwängte sich schnaufend in seine Jackentasche.

«Charlotte!», rief Ben. «Charlotte!» Er wich einen Schritt zurück – und sah den riesigen Plastikweihnachtsbaum wanken, obwohl der mindestens einen Meter von ihm entfernt war. «Komm her!», flüsterte Ben und streckte suchend die Hände ins Leere. «Komm schon.» Seine Finger stießen gegen weiches Fell, ertasteten Leder. Blitzschnell griff Ben zu.

«Ben?», rief Charlotte. Sie tauchte hinter einem Turm von Lebkuchendosen auf. «Hast du es?»

«Schnell!», rief Ben zurück. «Ich – ich kann's nicht festhalten!»

Julebukks unsichtbares Rentier sträubte sich, zerrte an seinem Zügel. Hilflos stolperte Ben hinterher, wieder auf diesen elenden Plastikweihnachtsbaum zu. Das Ding schwankte wie eine echte Tanne im Sturm, dann lehnte es sich auf die Seite. Weihnachtspäckchen und Lametta regneten von den Zweigen. Kreischend stoben die Leute auseinander. Die Verkäuferin kam wie eine Furie auf Ben zu.

Der hielt die Zügel immer noch fest, obwohl Sternschnuppe ihn fast umwarf.

«Steig auf!», schrie Charlotte von irgendwo. «Schnell!» Und plötzlich sah Ben sie über sich in der Luft sitzen und ihm wild zuwinken. Sie beugte sich vor und zerrte an seinem Arm. Aber da zerrte noch jemand an ihm. Die Verkäuferin hatte seinen anderen Arm gepackt.

«Na warte, Bürschchen!», schrie sie ihn an. «Sieh dir den Baum an. Das wird deine Eltern teuer zu stehen kommen.»

Seine Eltern! Mit dem Mut der Verzweiflung riss Ben

sich los, griff nach Charlottes Hand und saß im nächsten Moment genau wie sie auf dem unsichtbaren Rentierrücken.

Mit offenem Mund starrte die Verkäuferin zu ihnen hoch.

«Ho!», rief Charlotte. «Ho, ho!» und riss wild an Sternschnuppes Zügeln. Das Rentier machte einen Bocksprung, der die Kinder fast abwarf. Dann bäumte es sich auf und sprang mit einem Satz hoch über die Köpfe der Leute. Leicht wie eine Feder tänzelte es drei Meter über Tischen und Ständern durch die Luft. Ben stieß sich fast den Kopf an einem riesigen Neonengel, der von der Decke hing.

Die aufgeregten Stimmen unter ihnen waren verstummt. Nur die Weihnachtsmusik plärrte aus den Lautsprechern. Kinder, Frauen, Männer legten die Köpfe in den Nacken und blickten stumm nach oben, wo Ben und Charlotte auf dem unsichtbaren Rentier durch die Weihnachtsdekoration schwebten.

Erst als Sternschnuppe die Rolltreppe hinaufflog, zerbrach der Zauber.

«Toller Trick!», rief jemand.

«Nochmal», rief ein Kind.

Aber da waren Ben und Charlotte längst auf und davon. Ehe jemand im Erdgeschoss begriff, was da vorbeischwebte, war Sternschnuppe aus der Tür und landete auf dem Bürgersteig. Charlotte rutschte von Sternschnuppes Rücken. «Reite vor!», rief sie. «Ich hol Wutz.»

Mit einem Satz sprang das Rentier weiter. Ben guckte sich nach Charlotte um und sah gerade noch, wie sie die wild bellende Hündin losband. Dann war Sternschnuppe auch schon in die nächste Straße getrabt.

«Halt!», brüllte Ben und zog mit aller Kraft an den Zügeln. «Bleib stehen. Du sollst stehen bleiben!»

Zu seiner Verblüffung wurde Sternschnuppe wirklich langsamer. Schnaubend blieb er vor einer hohen Hecke stehen. Ben ließ sich zu Boden gleiten, ohne die Zügel loszulassen. «Guck mal!» Er zog den Rest Marzipan aus seiner Tasche und hielt ihn lockend in die Luft. So lotste er Sternschnuppe zum nächsten Laternenpfahl. Mit zitternden Fingern band er die Zügel daran fest. Geschafft. Nervös sah er sich um. Das Rentier war zum Glück in eine sehr kleine Straße gelaufen. Nicht ein Mensch war zu sehen.

«Mann, Mann, Mann!», stöhnte Ben, schloss die Augen und lehnte sich erschöpft gegen den Laternenpfahl.

Nach ein paar Minuten kam Charlotte völlig außer Atem mit Wutz die Straße entlanggerannt.

«Hast du es?», stieß sie hervor.

Ben nickte. «Am Laternenpfahl. Es knabbert an meiner Jacke herum.»

Erleichtert lächelte Charlotte ihn an. «Das haben wir gut gemacht, was?»

«Stimmt», sagte Ben.

Dann machten sie sich mit Sternschnuppe auf den Heimweg. Zurück zu Julebukk.

Gerhard Polt

Meine erste Revolution

(für meinen Sohn Martin)

Es dauert manchmal doch geraume Zeit, bis man erkennt, dass der Nikolaus kein Heiliger, sondern ein Mensch und der Krampus (Knecht Ruprecht, Schmutzli) ein Arschloch ist – aber ganz bestimmt kein Dämon! Die Angst vor jenen Herren ist ein Stück guter alter Tradition und auch die Wirkung dieser Angst, die Generationen von Bettnässern erzeugte.

Ich war klein, und die Macht der Nikolaustradition ungebrochen. Die Krampusse klirrten mit Ketten. Sie waren in Felle gehüllt. In ihren rußigen Gesichtern spiegelte sich das tierische Vergnügen, mit dem Ochsenfiesel sauber zuhauen zu können. Hämisch fragten die Erwachsenen: «Und? – War er schon da, der Nikolaus? Bist du auch immer brav gewesen? – Weil sonst kummst nei in' Sack!!»

Ich hätte es nicht geglaubt, dass man wirklich in einen Sack hineinkommt wegen Unbravheit, aber der Ismeier Manfred, mein Kindkollege, hatte es eigenhändig berichtet.

Auf dem Land wussten wir noch nichts von devoten Kaufhausnikoläusen und von der pädagogischen Einbahnstraße, die der Krampus als Erziehungspromoter darstellt.

Es war der 6. Dezember 1949 gegen 19 Uhr, als sich ein Stiergehörnter auch meiner bemächtigte – obwohl ich die donnernde Frage des heiligen Nikolaus «Bist du auch immer brav gewesen?» eindeutig und wahrheitsgemäß mit «Ja» beantwortet hatte – und mich in seinen Sack stopfte.

Ketten klickten, klackten und rasselten, Schweine grunzten, und Ratten pfiffen, als ich im Sack an einem Haken im Saustall aufgehängt wurde. Ich schrie eine Ewigkeit in dieser finsteren Hölle des Onkels Hieronymus Bosch. Und manchmal wache ich heute noch auf in der Nacht, schwitzend, sehe den Krampus auf mich zukommen ... und ich weiß, ich habe eine Kindheit gehabt, die kann mir keiner mehr nehmen!

Umständehalber verließ ich das Land und kam in die Großstadt, zur Zeit als wiederum die Existenzfrage «Bist du auch immer brav gewesen?» im Raum stand.

Ein zirka achtjähriger Robespierre forderte mich, den Neuling vom Land, auf:

«Und? – Gehst mit am Nikolo an Bart anzünden?»

Mir wurde schwindlig. «Einem Nikolaus den Bart anzünden???» Was heißt da «einem»? Es gibt doch nur *den* Nikolaus. Den heiligen St. Nikolaus! Und *ihm* den Bart anzünden??? – Ein ungeheures Vorhaben! Vor kurzem noch vom Krampus gejagt, frisch einem noch feuchten Bett entwichen, überrollte mich die Frage des Großstadtrevolutionärs aufs Neue. Sie wirkte jetzt eine Spur gleichgültiger.

«Oiso was is? Gehst jetza mit oder ned?»

134

«Sowieso!», hörte ich mich anworten. Mein Herz war in der Unterhose angelangt.

Kurz darauf standen wir schon vor unserer «Bastille», der Türken-/Ecke Schellingstraße. Hundert bis zweihundert Kinder, bis an die Zähne mit Latten, Stöcken, Zwisteln und Steinen bewaffnet, harrten der Nikoläuse aus dem Portal des Studentenschnelldienstes.

Schon kam einer heraus. Aus allen Kehlen erscholl ein Pfuiiii, ein Pfeifkonzert, kreischendes Hohngelächter. Ein Gewitter von Wurfgeschossen entlud sich in Richtung Nikolaus, welcher unwürdig behände auf einem Fahrrad das Weite suchte.

Ein neuer Schnelldiensttheiliger wurde auf die Straße gespuckt, um Tradition zu verbreiten.

«Da is scho wieder oana!», jauchzten die jungen Revoluzzer im Kampfesrausch. «Den machma fertig!», schrien sie.

Mein Genosse und Animator reichte mir feierlich sein Sturmfeuerzeug. «Jetzt zündma eam an Bart o! Mia gem da Rückendeckung!»

Fest entschlossen, meine jahrelange Demütigung mit einem Bartbrand zu rächen, laufe ich mit weichen Knien über die Straße, das Sturmfeuerzeug wie eine Fackel erhoben haltend. Schlachtengesänge wie «Nikolo, scheiß ins Klo!» tragen mich vor das entsetzte Gesicht des heiligen Mannes. Wieder verdunkelt sich der Himmel vor lauter Zaunlatten und Haken, Pfeilen – Wasserbomben – Eiern – es herrscht Krieg. Der Nikolaus duckt sich, macht zwei, drei schnelle Schritte und verschwindet in der Sicherheit des nahen Gemüseladens ... Wumm! Ktschschk! Duiiiing! Das Schaufenster birst, ein Volltreffer! Johlen! Der Nikolaus liegt auf dem Boden, umgeben von Glas! Ein

Splitter hat sein Gesicht verletzt. Rotes Blut tropft auf seinen weißen Bart. Er reißt ihn sich vom Kinn und drückt ihn auf die Wunde. Ich sehe ein junges Gesicht voller Panik.

Jetzt rollt, nach überwundener Schrecksekunde, der Gemüsehändler mit seiner enormen Wampe auf den Nikolaus zu und bespeit ihn mit einem Potpourri von Unflätigkeiten, worin er dem Wort «Drecksau» eindeutig den Vorzug gibt. Der Nikolaus entwindet sich dem Griff des Fetten und flieht aus dem Laden. Zum Glück trifft ihn sein eigener, wie ein Speer nachgeschleuderter Krummstab nicht mehr.

Das Kinderheer auf der anderen Straßenseite aber hat sich blitzschnell aufgelöst. Und ich, ich stehe da, den blutleeren Daumen auf dem Sturmfeuerzeug.

Dann geh ich heim als Sieger. Sieger einer Revolution, deren Errungenschaften unumkehrbar sind!

PS: Sachzwänge nötigen mich seit Jahren am 6. Dezember in ein eindrucksvolles, stilechtes Nikolausgewand. Ich versuche ein fairer, aufgeschlossener, geschenkbereiter, psychologisch hieb- und stichfester Heiliger zu sein. Nur wenn ich frage: «Bist du auch immer brav gewesen?», beschleicht mich so ein Gefühl ...

Trotzdem. Schwamm drüber! Im nächsten Jahr bin ich schon wieder voll ausgebucht.

Anton Tschechow

Jungen

Wolodja ist da!», rief jemand draußen auf der Straße.

«Wolodetschka ist da!», heulte Natalja los und kam ins Esszimmer gelaufen. «Ach du lieber Gott!»

Die ganze Koroljowsche Familie, die schon ungeduldig auf ihren Wolodja gewartet hatte, stürzte ans Fenster. Am Eingang hielt ein niedriger, breiter Schlitten, und von den drei Schimmeln stieg eine dichte Dampfwolke auf. Der Schlitten war leer, denn Wolodja stand schon im Flur und knüpfte mit roten, verfrorenen Fingern den Baschlyk auf. Sein Gymnasiastenmantel, seine Mütze, die Galoschen und die Schläfen waren mit Reif bedeckt, und überhaupt strömte seine ganze Gestalt einen so anregenden Frostgeruch aus, dass man bei seinem Anblick am liebsten mitgefroren und ausgerufen hätte: «Brr!» Die Mutter und die Tante beeilten sich, ihn zu umarmen und abzuküssen, Natalja kniete nieder und zog ihm die Filzstiefel aus, die Schwestern erhoben ein großes Geschrei; man hörte das Klappern und Quietschen von Türen, und schließlich stürzte, in Hemdsärmeln und eine Schere in der Hand, Wolodjas Vater herbei und rief aufgeregt aus: «Und wir haben dich schon gestern erwartet! Wie war die Reise? Alles in Ordnung? Mein Gott, so lasst ihn doch auch den Vater begrüßen! Bin ich vielleicht nicht der Vater?»

«Wau! Wau!», bellte in tiefem Bass der riesige schwarze Mylord und schlug mit dem Schwanz gegen Möbel und Wände.

Alles vermischte sich zu einem einzigen freudigen Lärm, der gute zwei Minuten anhielt. Als der erste Freudentaumel vorüber war, bemerkten die Koroljows, dass sich in ihrem Flur außer Wolodja noch ein anderer kleiner Mann befand; er stand, in Tücher, Schals und Baschlyks gemummt und völlig von Reif bedeckt, im Schatten eines dicken, mit Fuchspelz gefütterten Mantels in der Ecke und rührte sich nicht.

«Wolodetschka, wer ist denn das?», fragte leise die Mutter.

«Ach!», besann sich Wolodja. «Habe die Ehre – mein Schulkamerad Tschetschewizyn, aus der Klasse zwei … Ich habe ihn mitgebracht, er soll ein paar Tage unser Gast sein.»

«Sehr angenehm, herzlich willkommen!», sagte der Vater erfreut. «Entschuldigen Sie, wenn ich in Hemdsärmeln bin … Kommen Sie herein! Natalja, hilf doch Herrn Tscherepizyn ablegen! Herrgott im Himmel, so jagt doch den Hund fort. Das ist ja die reinste Strafe!»

Ein wenig später saßen Wolodja und sein Freund Tschetschewizyn, benommen vom geräuschvollen Empfang und immer noch rosig vom Frost, am Tisch und tranken Tee. Die Wintersonne drang durch den Schnee und die Eisblumen an den Fenstern, zitterte auf dem Samowar und badete ihre Strahlen in einem Spülnapf. Im Zimmer war es warm, und die Jungen fühlten, wie sich in ihren durchgefrorenen Körpern Wärme und Kälte stritten, ohne einander den Sieg zu gönnen.

«So ist also bald wieder Weihnachten!», sagte in singendem Tonfall der Vater und drehte sich eine Zigarette aus rotbraunem Tabak. «Und wie lange ist es schon her, dass es Sommer war und die Mutter weinte, als du uns verließest? Ja, mein Freund, die Zeit vergeht rasch! Ehe man sich's versieht, ist man alt. Herr Tschibissow, bitte essen Sie, genieren Sie sich nicht! Bei uns geht's einfach zu.»

Wolodjas drei Schwestern Katja, Sonja und Mascha – die Älteste war gerade elf Jahre – saßen am Tisch und ließen kein Auge von dem neuen Bekannten. Tschetschewizyn hatte das gleiche Alter und die gleiche Größe wie Wolodja, war aber nicht so rundlich und weiß, sondern mager, dunkel und sommersprossig. Er hatte borstiges Haar, schmale Augen und dicke Lippen und war überhaupt sehr hässlich – wäre nicht die Gymnasiastenjacke gewesen, man hätte ihn für den Sohn einer Köchin gehalten. Er wirkte finster, schwieg in einem fort und lächelte kein einziges Mal. Die Mädchen sahen ihn an und fanden gleich, er müsse sehr klug und gelehrt sein. Ständig dachte er über etwas nach und war so mit seinen Gedanken beschäftigt, dass er zusammenzuckte, wenn man ihn etwas fragte, den Kopf zurückwarf und die Frage zu wiederholen bat.

Den Mädchen fiel auf, dass auch Wolodja, der sonst immer fröhlich und aufgeräumt war, dieses Mal wenig sprach, überhaupt nicht lächelte und sich anscheinend gar nicht freute, wieder zu Hause zu sein. Während man am Teetisch saß, wandte er sich nur einmal an die Schwestern, und auch das mit recht seltsamen Worten.

Er zeigte mit dem Finger auf den Samowar und sagte: «In Kalifornien trinkt man statt Tee Gin.»

Auch er war mit irgendwelchen Gedanken beschäftigt, und nach den Blicken zu urteilen, die er und sein Freund Tschetschewizyn gelegentlich wechselten, dachten beide an dasselbe.

Nach dem Tee gingen alle ins Kinderzimmer. Der Vater und die Mädchen setzten sich an den Tisch und machten sich an die Arbeit, die durch die Ankunft der Jungen unterbrochen worden war. Sie fertigten Blumen und Girlanden aus buntem Papier für den Weihnachtsbaum an. Bei jeder neu entstandenen Blume schrien die Mädchen begeistert, sogar erschrocken auf, als sei die Blume vom Himmel gefallen; auch der Papa ließ sich mitreißen, und gelegentlich warf er die Schere zu Boden – aus Ärger darüber, dass sie so stumpf war.

Die Mama kam mit besorgtem Gesicht ins Kinderzimmer geeilt und fragte: «Wer hat meine Schere genommen? Du schon wieder, Iwan Nikolaitsch?»

«Herrgott im Himmel, nicht mal die Schere darf ich mir nehmen!», entgegnete mit weinerlicher Stimme Iwan Nikolaitsch, warf sich gegen die Stuhllehne zurück und spielte den Gekränkten, ließ sich jedoch einen Augenblick später gleich wieder mitreißen.

Früher hatte auch Wolodja, wenn er nach Hause kam, an den Weihnachtsvorbereitungen teilgenommen, oder er war auf den Hof gelaufen, um zuzusehen, wie der Kutscher und der Hirt einen Rodelberg bauten; diesmal schenkten weder er noch Tschetschewizyn dem Buntpapier irgendwelche Beachtung; sie zeigten sich auch kein einziges Mal im Stall, sondern saßen am Fenster und tuschelten; später schlugen sie den Atlas auf und vertieften sich in irgendeine Karte.

«Zuerst nach Perm», sagte Tschetschewizyn leise, «von dort nach Tjumen ... dann nach Tomsk ... und dann ... zur Halbinsel Kamtschatka ... Hier setzen uns die Samojeden in Booten über die Beringstraße ... Und plötzlich ist man in Amerika ... da gibt es viele Pelztiere.»

«Und Kalifornien?», fragte Wolodja.

«Kalifornien liegt weiter unten ... Hauptsache – wir kommen nach Amerika, von da ist es ein Katzensprung bis Kalifornien. Den Lebensunterhalt können wir durch Jagd oder Raub erwerben.»

Tschetschewizyn ging den Mädchen den ganzen Tag aus dem Weg und blickte sie mürrisch an. Der Zufall fügte es, dass man ihn nach dem Abendtee fünf Minuten mit ihnen allein ließ. Es wäre peinlich gewesen zu schweigen.

Er hüstelte rau, rieb mit der rechten Hand die linke, sah Katja finster an und fragte: «Haben Sie Mayne Reid gelesen?»

«Nein ... Aber hören Sie, können Sie Schlittschuh laufen?»

Tschetschewizyn, der in Gedanken versunken war, gab keine Antwort, sondern blies nur die Backen auf und atmete laut aus, als wäre ihm zu heiß. Er sah Katja aufs Neue an und sagte: «Wenn eine Büffelherde über die Pampa jagt, dann bebt die Erde, und die Mustangs schlagen erschrocken aus und wiehern.» Tschetschewizyn lächelte traurig und fügte hinzu: «Außerdem überfallen die Indianer die Züge. Das Schlimmste aber sind die Moskitos und die Termiten.»

«Was ist denn das?»

«Das ist eine Art Ameisen, aber mit Flügeln. Wenn sie beißen, tut es sehr weh. Wissen Sie, wer ich bin?»

«Ja – Herr Tschetschewizyn.»

«Nein. Ich bin Montigomo, die Habichtklaue, der Häuptling der Unbesiegbaren.»

Mascha, das kleinste der Mädchen, blickte erst ihn, dann das Fenster an, hinter dem es dämmerte, und sagte nachdenklich: «Und bei uns haben sie gestern Tschetschewiza* gekocht.»

Tschetschewizyns unverständliche Reden und die Tatsache, dass er und Wolodja ständig zu tuscheln hatten und Wolodja nicht mitspielte, sondern immerfort über etwas nachdachte – alles das erschien seltsam und rätselhaft. Die beiden älteren Mädchen, Katja und Sonja, begannen sie sorgfältig zu beobachten. Am Abend, als sich die Jungen schlafen legten, schlichen sie sich an ihre Tür und belauschten ihre Gespräche. Nein, was sie da zu hören bekamen! Die Jungen wollten nach Amerika entfliehen, um dort nach Gold zu graben; sie hatten schon alles, was man dazu braucht – eine Pistole, zwei Messer, Zwieback, ein Vergrößerungsglas zum Feueranmachen, einen Kompass und vier Rubel in bar. Die Mädchen erfuhren, was den beiden bevorstand – sie würden mehrere tausend Werst zu Fuß zurücklegen und sich auf ihrem Weg mit Tigern und Wilden herumschlagen müssen, dann nach Gold graben und Elfenbein gewinnen. Sie würden Feinde töten, unter die Seeräuber gehen, Gin trinken und schließlich zwei schöne Mädchen heiraten und Plantagen bearbeiten. Wolodja und Tschetschewizyn fielen sich in ihrem Eifer ständig ins Wort. Sich selber nannte Tschetschewizyn

* Linsensuppe

«Montigomo, die Habichtklaue», und Wolodja nannte er «seinen weißen Bruder».

«Pass aber auf, erzähl es nicht der Mama», sagte Katja zu Sonja, als sie zu Bett gingen. «Wolodja wird uns Gold und Elfenbein aus Amerika mitbringen, wenn du es aber der Mama erzählst, dann lassen sie ihn nicht fort.»

Einen Tag vor Heiligabend studierte Tschetschewizyn in einem fort die Karte Asiens und machte sich Notizen. Wolodja schlich matt und verschwollen, als hätte ihn eine Biene gestochen, durch die Zimmer und wollte nichts essen. Einmal blieb er sogar im Kinderzimmer vor dem Heiligenbild stehen, bekreuzigte sich und sagte: «Herrgott, vergib mir Sünder! Herrgott, beschütze meine arme, unglückliche Mama!»

Gegen Abend brach er in Tränen aus. Als er schlafen ging, umarmte er lange den Vater, die Mutter und seine Schwestern. Katja und Sonja verstanden ja, was das bedeutete, während Mascha, die Jüngste, nichts, aber auch gar nichts begriff; sie wurde nur nachdenklich, als sie Tschetschewizyn ansah, seufzte und meinte: «Die Kinderfrau sagt, wenn Fasten ist, muss man Erbsen und Tschetschewiza essen.»

Am frühen Morgen des Heiligen Abends erhoben sich Katja und Sonja leise von ihren Betten; sie wollten sich ansehen, wie die Jungen nach Amerika fliehen würden. Sie schlichen sich an ihre Tür.

«Du kommst also nicht mit?», fragte Tschetschewizyn böse. «Antworte: Du kommst nicht mit?»

«Mein Gott!», klagte Wolodja leise. «Wie kann ich denn mitkommen! Mir tut Mama Leid.»

«Mein weißer Bruder, ich bitte dich, komm mit! Du hast mir doch versichert, du kommst mit, du selber hast mich überredet, und jetzt, wo es so weit ist, kriegst du Angst.»

«Ich ... habe keine Angst, sondern mir tut ... Mama Leid.»

«Also sag: Kommst du nun mit oder nicht?»

«Ich komme mit, nur ... musst du etwas warten. Ich möchte zuerst ein bisschen zu Hause sein.»

«Nun, dann fahr ich eben allein!», entschied Tschetschewizyn. «Ich komme auch ohne dich aus. Und du wolltest Tiger jagen und kämpfen! Wenn sich das so verhält, dann gib mir meine Zündhütchen zurück!»

Wolodja weinte so bitterlich, dass auch die Schwestern es nicht aushielten und ebenfalls in Tränen ausbrachen. Stille trat ein.

«Du kommst also nicht mit?»

«Do ... och, ich komme mit.»

«Dann zieh dich an!»

Und Tschetschewizyn redete auf Wolodja ein, schilderte Amerika in den schönsten Farben, brüllte wie ein Tiger, stellte einen Dampfer dar, schimpfte und versprach, Wolodja das ganze Elfenbein und alle Löwen- und Tigerfelle abzutreten.

Dieser schmächtige dunkle Junge mit dem borstigen Haar und den Sommersprossen erschien den Mädchen bewundernswert und außerordentlich. Er war ein Held, war entschlossen und unerschrocken und brüllte so schrecklich, dass man hier, hinter der Tür, tatsächlich glauben konnte, es handle sich um einen Tiger oder Löwen.

Als die Mädchen in ihr Zimmer zurückgekehrt waren und sich anzogen, sagte Katja, die Augen voller Tränen: «Ach, ich fürchte mich so!»

Bis zwei Uhr, also der Zeit, da man sich an den Mittagstisch setzte, blieb alles ruhig, aber dann stellte sich plötzlich heraus: Die Jungen waren nicht zu Hause. Man schickte in die Gesindestube, zum Pferdestall, in den Verwalterflügel – sie waren nicht da. Man schickte ins Dorf – auch dort fand man sie nicht. Die Jungen erschienen auch nicht zum Tee, und als man sich zum Abendessen niedersetzte, war die Mama sehr aufgeregt und weinte sogar. In der Nacht suchte man wieder im Dorf und zog mit Laternen zum Fluss. Mein Gott, was das für eine Aufregung war!

Am folgenden Tag kam der Landpolizist und schrieb im Speisezimmer an einem Papier. Die Mama weinte.

Doch schließlich fuhr vor dem Eingang der niedrige, breite Schlitten vor, und von den drei Schimmeln stieg eine Dampfwolke auf.

«Wolodja ist gekommen!», rief jemand draußen auf der Straße.

«Wolodetschka ist gekommen!», heulte Natalja los und kam ins Speisezimmer gelaufen.

Und Mylord bellte im Bass: «Wau! Wau!» Die Jungen waren, wie sich herausstellte, in der Stadt, und zwar in der Kaufhalle, aufgegriffen worden (sie gingen dort umher und fragten immerfort, wo man Schießpulver kaufen könne). Wolodja war kaum im Vorzimmer, als er auch schon in Tränen ausbrach und sich der Mutter an den Hals warf. Die Mädchen zitterten und dachten mit Schrecken an das, was jetzt kommen würde; sie hörten, wie der Papa Wolodja und Tschetschewizyn in sein Arbeitszimmer führte und lange mit ihnen sprach; auch die Mama sprach mit ihnen und weinte.

«Wie kann man so etwas machen?», ereiferte sich der Papa. «Wenn man, behüte Gott, im Gymnasium davon erfährt, schließt man euch aus. Und Sie, Herr Tschetschewi-zyn, sollten sich schämen! Das ist nicht schön von Ihnen! Sie sind der Anstifter, ich hoffe, dass Ihre Eltern Sie be-strafen werden. Wie kann man nur so etwas machen? Wo habt ihr denn übernachtet?»

«Auf dem Bahnhof!», entgegnete Tschetschewizyn stolz.

Später lag Wolodja auf dem Sofa und hatte ein mit Essig getränktes Handtuch auf dem Kopf. Man gab ein Tele-gramm auf, und tags darauf kam Tschetschewizyns Mut-ter und holte ihren Sohn ab.

Tschetschewizyn machte, als er abfuhr, ein strenges und hochmütiges Gesicht und sagte beim Abschied von den Mädchen kein Wort; er nahm nur das Heft, das Katja ihm hinhielt, und schrieb zum Andenken hinein: «Mon-tigomo, die Habichtklaue».

Dylan Thomas

Weihnachtserinnerungen

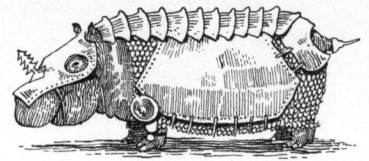

Ein Weihnachten war dem anderen so gleich in jenen Jahren, die nun um die Meerecke der Stadt entschwunden und außer aller Hörweite sind, bloß dass ich manchmal einen Augenblick lang vor dem Einschlafen noch das ferne Gespräch ihrer Stimmen höre, dass ich jetzt nie mehr sagen kann, ob es sechs Tage und sechs Nächte lang geschneit hat, als ich zwölf war, oder ob es zwölf Tage und zwölf Nächte lang geschneit hat, als ich sechs war. Oder damals, als das Eis brach und der Schlittschuh laufende Schnittwarenhändler wie ein Schneemann durch eine weiße Falltüre verschwand, ob das derselbe Weihnachtstag war, an dem die Rosinenkuchen Onkel Arnold fertig machten und wir den seeseitigen Hügel hinunterrodelten, den ganzen Nachmittag lang, auf dem besten Teetablett; und Mrs. Griffith beschwerte sich, und wir warfen einen Schneeball nach ihrer Nichte, und als ich die Hände vors Feuer hielt, da brannten sie vor Kälte und Hitze so sehr, dass ich zwanzig Minuten lang weinte; und dann aß ich Wackelpudding.

Alle Weihnachten rollen den Hügel hinunter zum walisisch sprechenden Meer, wie ein Schneeball, der immer

weißer und größer und runder wird, wie ein kalter kopf-
über kollernder Mond, der den Himmel hinunterbollert,
der unsere Straße war; und alle Weihnachten machen
Halt am Ufer der eisgeränderten, Fische frierenden Wellen, und ich fahre mit den Händen tief in den Schnee und
hole alles heraus, was ich finden kann: Tannenzweige und
Weihnachtssingvögel, oder Pudding, Gezänk und Ge-
sänge, und Orangen und blecherne Pfeifchen, und das Ka-
minfeuer in der Guten Stube, und Bums die Knallbon-
bons, und Heilig, Heilig, Heilig läuten die Glocken, und
die Glasglocken beben am Baum, und Mutter Graugans
aus der Weihnachtspantomime, und der Struwwelpeter –
ach, die Paulinchen verbrennenden Flammen und der
klappernde Scherenmann. Und Billy Bunter aus dem bunten Groschenheft und die Schwarze Schönheit, und Gold-
else, und die kleine Frau; und Jungen, die drei Portionen
essen, und Alice im Wunderland, und Mrs. Potters
Dachse, und Federmesser und Teddybären – benannt
nach einem Mr. Theodor Bär, ihrem Erfinder oder Vater,
der vor kurzem in den Vereinigten Staaten starb –, Mund-
harmonikas, Bleisoldaten, und Milchpudding, und Tante
Bessy, die auf dem ungestimmten Piano in der Guten
Stube «Ein Männlein steht im Walde» und «Orangen und
Lemonen» spielt, den ganzen Pfänder und Blindekuh
spielenden Abend lang am Ende des unvergesslichen Tages am Ende des nicht mehr erinnerten Jahres.

Tief taucht meine Hand in jenen watteweißen glocken-
klingenden Ball von Festtagen, der am Rande des Loblie-
der singenden Meeres ruht, und heraus kommen Mrs. Prothero und die Feuerwehrmänner.

Es war am Nachmittag des Weihnachtsabends, und ich
war in Mrs. Protheros Garten und wartete mit ihrem Sohn

Jim auf Katzen. Es schneite. Zu Weihnachten schneite es immer. Der Dezember ist in meinen Erinnerungen weiß wie Lappland, nur Rentiere waren keine da. Aber dafür waren Katzen da. Geduldig, mit eiskalten Fingern und eiskaltem Herzen, unsere Hände in Socken gehüllt, warteten wir, um Schneebälle nach den Katzen zu werfen. Geschmeidig und lang wie Jaguare und mit furchtbaren Schnurrbärten, spuckend und fauchend würden sie über die weißen Mauern am unteren Ende der Gärten huschen und jagen, und die luchsäugigen Jäger, Jim und ich, Trapper von der Hudson Bay gleich hinter der Gasthausstraße, in Pelzmützen und Mokassins, würden unsere tödlichen Schneebälle gerade ins Grüne ihrer Augen schleudern. Die klugen Katzen ließen sich niemals blicken. Wir waren so still – eskimofüßige arktische Scharfschützen im alles erstickenden Schweigen des ewigen Schnees, der schon seit Mittwoch lag –, dass wir Mrs. Protheros ersten Schrei aus ihrem Schneehaus am unteren Ende des Gartens nicht einmal hörten. Oder wenn wir ihn hörten, so war er für uns nur wie der weit entfernte Kriegsruf unseres Feindes und unserer Beute, des Nachbars Polarkatze. Aber bald wurde die Stimme lauter. «Feuer!», schrie Mrs. Prothero, und sie schlug den Gong, der sonst zum Essen rief. Und wir liefen den Garten hinunter, den Arm voller Schneebälle, auf das Haus zu, und, heißa!, da kam wirklich Rauch aus dem Speisezimmer, und der Gong bummerte, und Mrs. Prothero rief die Katastrophe aus, wie ein Stadtschreier in Pompeji. Das war besser als alle Katzen in ganz Wales, auch wenn sie in einer Reihe auf der Mauer gestanden hätten. Wir stürzten ins Haus, beladen mit Schneebällen, und machten an der offenen Türe des raucherfüllten Zimmers Halt. Ja, etwas brannte ganz tüchtig. Vielleicht war es Mr.

Prothero, der nach dem Mittagessen immer in diesem Zimmer schlief, mit einer Zeitung auf dem Gesicht. Aber nein, der stand mitten im Zimmer und sagte: «Feine Weihnachten, das!», und schlug mit einem Hausschuh auf den Rauch los.

«Ruft die Feuerwehr!», schrie Mrs. Prothero und schlug weiter den Gong.

«Die werden nicht da sein», sagte Mr. Prothero, «es ist doch Weihnachten.»

Es war kein Feuer zu sehen, nur dichte Rauchwolken, und mittendrin Mr. Prothero, der mit seinem Hausschuh dem Rauch winkte, als dirigiere er ein Konzert.

«Tut doch was!», sagte er.

Und wir warfen alle unsere Schneebälle in den Rauch – ich glaube aber, wir verfehlten Mr. Prothero – und liefen hinaus aus dem Haus zur Telefonzelle.

«Rufen wir doch auch die Polizei an», sagte Jim.

«Und die erste Hilfe.»

«Und Ernie Jenkins, der mag Feuer so gern.»

Aber wir riefen nur die Feuerwehr an, und bald kam auch das Feuerwehrauto, und drei große Männer mit Helmen brachten einen Schlauch ins Haus, und Mr. Prothero ging gerade noch rechtzeitig aus dem Wege, ehe sie den Wasserstrahl andrehten. Kein Mensch hätte einen Weihnachtsabend mit mehr Krach haben können, und als die Feuerwehrmänner den Wasserstrahl wieder abstellten und im nassen, rauchigen Zimmer herumstanden, da kam Jims Tante, Miss Prothero, die Treppe herunter, steckte den Kopf herein und sah sie an. Jim und ich warteten, ganz still, um zu hören, was sie zu ihnen sagen würde. Denn sie wusste immer das richtige Wort. Sie sah die drei großen Feuerwehrmänner mit ihren glitzernden Helmen an, wie sie dastanden, umgeben von Rauch und verbranntem Holz und halb geschmolzenen Schneebällen, und dann sagte sie: «Möchten Sie vielleicht etwas zu lesen haben?»

Und nun kommt aus diesem gleißend weißen Schneeball der verflossenen Weihnachten der Strumpf hervor, der Strumpf aller Strümpfe, der am Fußende des Bettes hing, sodass der Arm einer wuschellockigen Negerpuppe oben hervorbaumelte und unten in den Zehen kleine Glocken läuteten. Da war auch eine ganze Kompanie Soldaten drin, tapfer und scharlachrot, nur dass sie niemals gut schmeckte, obwohl ich sie immer zu kosten versuchte, als ich noch ganz klein war: Bleisoldaten mit Gurt und Bärenfellmützen und Musketen, Schulter an Schulter, die nur allzu bald ihre Köpfe und Beine verlieren sollten, in den Kriegen auf dem Küchentisch, wenn das Teegeschirr, die Kekse und die Rosinenkuchen weggeräumt waren, die ich immer backen half, indem ich die Rosinen entkernte und aufaß. Und da war ein Säckchen mit feuchten, vielfarbigen Geleebonbons, die wie kleine Kinder aussahen, und eine eingerollte Flagge, und eine falsche Nase, und eine Straßenbahnschaffnermütze, und eine Maschine, die Fahrscheine lochte und dabei klingelte ... Aber niemals eine richtige Schleuder; einmal, durch einen Irrtum, den niemand erklären konnte, eine kleine Axt und ein Gummibüffel, oder vielleicht war es auch ein Pferd, mit gelbem Kopf und aufs Geratewohl herumschlenkernden Beinen; und eine Zelluloidente, die, wenn man sie drückte, einen ganz unentenhaften Ton von sich gab, ein miauendes Muhen, wie es vielleicht eine ehrgeizige Katze fertig gekriegt hätte, die als Kuh gelten will; und ein Malbuch, in dem ich das Gras, die Bäume, das Meer und die Tiere in jeder Farbe malen konnte, die mir recht war; und bis zum heutigen Tag grasen die blendend himmelblauen Schafe auf der roten Weide unter einer Schar von regenbogenschnäbeligen und erbsengrünen Vögeln.

Der Weihnachtsmorgen war immer vorüber, noch ehe man Zeit hatte, Hans Schneemann zu sagen. Und, sieh da, auf einmal brannte der Pudding. Soll man nicht wieder den Gong schlagen und die Feuerwehr anrufen und die Bücher liebenden Feuerwehrmänner? Jemand fand im Kuchen das eingebackene silberne Dreipennystück mit einer Korinthe dran; und dieser Jemand war immer Onkel Arnold. Das Sprüchlein, das aus seinem Knallbonbon fiel, lautete:

> *Lasset uns alle jubeln, denn Weihnacht ist da,*
> *Lasst uns spielen und singen und rufen hurra!*

Und die Erwachsenen blickten dann immer zur Zimmerdecke hinauf, und Tante Bessy, die schon zweimal von einer automatischen Maus mit einem Uhrwerk erschreckt worden war, wimmerte am Büfett und trank ein wenig Holunderwein.

Und jemand stellte eine Glasschüssel voller Nüsse auf den überhäuften Tisch, und mein Onkel sagte ganz genau wie jedes Jahr: «Ich habe da eine Schuhnuss erwischt, hol mir einen Schuhlöffel, Junge, dass ich sie öffnen kann!» Und dann war das Essen vorüber.

Und ich erinnere mich, am Nachmittag des Weihnachtstages, wenn die anderen ums Feuer saßen und einander erzählten, dass dies gar nichts sei, nein, rein gar nichts, verglichen mit den großen, schneeverwehten, bratgans- und truthahnstolzen, julscheitknisternden, tannenreisigen und unter dem Mistelzweig küssenden Weihnachtsfesten, als *sie* noch Kinder waren, dass ich hinausging in Schulmütze und Schal und Handschuhen, mit meinen funkelnagelneuen, knarrenden Stiefeln; in die weiße Welt hinaus, auf den seeseitigen Hügel, um Jim und Dan und Jack zu besuchen und mit ihnen durch die schweigende Schneelandschaft unseres Städtchens zu wandern.

Wir gingen stapfenden Schrittes durch die Straßen und hinterließen gewaltige, tiefe Fußstapfen im Schnee, auf den verborgenen Gehsteigen.

«Ich wette, die Leute werden glauben, da sind Nilpferde gegangen.»

«Was würdest du tun, wenn du ein Nilpferd die Krönungsstraße herunterkommen sähst?»

«Ich? Ich würde so machen, bums! Ich würde das Nilpferd übers Geländer schmeißen und den Hügel hinunterrollen. Und dann würde ich es unter dem Ohr kitzeln, bis es mit dem Schweif wedelt.»

«Aber was würdest du tun, wenn du *zwei* Nilpferde sehen würdest?»

Eisengepanzerte brüllende Nilpferdhengste klapperten, polterten und dröhnten durch den aufspritzenden Schnee auf uns zu, als wir an Mr. Daniels Haus vorbeikamen.

«Werfen wir Mr. Daniel einen Schneeball als Brief in den Briefkasten.»

«Schreiben wir etwas in den Schnee.»

«Schreiben wir ‹Mr. Daniel sieht aus wie ein Spaniel› groß über seinen ganzen Rasen.»

«Seht her», sagte Jack, «ich esse Schneekuchen.»

«Wie schmeckt's denn?»

«Wie Schneekuchen.»

Oder wir gingen die weiße Küste entlang.

«Können die Fische sehen, dass es schneit?»

«Natürlich, die glauben, der Himmel fällt runter.»

Die schweigenden Himmel, die aus einer einzigen Wolke bestanden, trieben hinaus aufs Meer.

«Alle Hunde sind weg.»

Im Sommer jappten am Ufer Hunde von hundert vermengten Rassen und verbellten die zudringlichen Wogenkämme.

«Ich wette, für Bernhardiner wäre dieses Wetter jetzt aber gerade recht.»

Und wir waren schneeblinde Reisende, verloren auf den Bergen des Nordens, und die großen Hunde mit ihren Schwartenhälsen und Kognakflaschen sprangen auf uns zu und scharrten uns aus und bellten laut: «Branntwein! Marke Excelsior!»

Wir gingen heim, durch die verlassenen, armen Gassen, die zum Meer hinunterführten, wo nur wenige Kinder mit bloßen roten Fingern im tiefen, karrengleiszerfurchten Schnee herumscharrten und hinter uns eine Katzenmusik erhoben, mit Stimmen, die verhallten, als wir hügelan stapften und die Schreie der Hafenvögel laut wurden, und die Sirenen der Schiffe draußen in der weißen flockenwirbelnden Bucht.

Holt die großen alten Geschichten hervor, die wir am Feuer erzählten, als wir Kastanien rösteten und die kleingestellten Gaslichter rundum summten! Gespenster mit dem Kopf unter dem Arm schleppten ihre Ketten nach und sagten «Huhhh» wie Eulen in den langen Nächten, wenn ich es nicht wagte, über die Schulter zu sehen; wilde Tiere lauerten im Verschlag unter der Treppe, wo die Gasuhr tickte. «Vor vielen Jahren einmal», sagte Jim, «waren drei Jungen, genau wie wir, die bei Nacht im Schnee ihren Weg verloren, hinter dem Bethaus auf dem Friedhof von Bethesda, und hört, was ihnen geschah ...» Es war die schauderhafteste Geschichte, die ich je gehört habe.

Und ich erinnere mich auch, wie wir einmal von Haus zu Haus Weihnachtslieder singen gingen, ein, zwei Nächte vor dem Heiligen Abend, als auch nicht der leiseste Schimmer von Mondschein die geheimnisvollen, weiß durchwehten Gassen erhellte. Am Ende einer langen Straße war ein Weg, der zu einem großen Haus führte, und wir stolperten in jener Nacht durch die Finsternis hinaus, jeder Einzelne von uns voll Angst, jeder für alle Fälle mit einem Stein in der Hand, aber wir alle zu tapfer, um auch nur ein Wort davon zu sagen. Durch die Alleebäume des Weges blies der Wind mit Stimmen wie von alten unheimlichen Männern, die vielleicht Schwimmhäute an den Füßen hatten und in Höhlen ächzten und keuchten. Wir erreichten den schwarzen gewaltigen Klotz des Hauses.

«Was sollen wir ihnen singen?», flüsterte Dan.

«Hört, die Engel singen schon? Weihnachten kommt nur einmal im Jahr?»

«Nein», sagte Jack, «wir singen ‹Der gute König Wenzeslaus›. Ich zähle bis drei.»

«Eins, zwei, drei», und wir begannen zu singen, mit Stimmen, die hoch und weit entfernt klangen in der schneegetünchten Finsternis rund um das Haus, in dem niemand wohnte, den wir kannten. Wir standen eng nebeneinander, dicht vor der dunklen Türe.

Der gute König Wenzeslaus
sah am St.-Stephans-Feste ...

Und dann kam eine kleine trockene Stimme, wie die Stimme von jemand, der schon lange nicht gesprochen hat, und stimmte plötzlich in unseren Gesang ein: eine kleine trockene Stimme von der anderen Seite der Türe: eine kleine trockene Stimme durch das Schlüsselloch. Und als wir wieder aufhörten zu rennen, da waren wir vor unserem eigenen Haus. Die große Vorderstube war einladend und hell. Das Grammophon spielte. Wir sahen die roten und weißen Ballons am Arm der Gaslampe hängen. Onkel und Tante saßen ums Feuer. Es war mir, als könne ich unser Abendessen riechen, das in der Küche gebraten wurde. Alles war wieder gut, und Weihnachten leuchtete durch die ganze vertraute Stadt.

«Vielleicht war das ein Geist», sagte Jim.

«Vielleicht waren es Trolle», sagte Dan, der immer Bücher las.

«Gehen wir hinein, und sehen wir, ob noch Wackelpudding übrig ist», sagte Jack. Und das taten wir.

John Updike

Die zwölf Schrecken
der Weihnacht

1. Santa, der Mann

Lose sitzender Nylonbart, getürktes Augenzwinkern, billiger roter Anzug, komischer Geruch nach Schnaps, wenn man auf seinem Schoß sitzt. Wenn er so eine große Nummer ist, warum lebt er dann elf Monate im Jahr von der Stütze?

Irgendwie unheimlich, nicht ganz astrein, der Kerl, wie einer von den Gruseltypen bei Stephen King.

2. Santa, die Idee

Jemand, der auch nur halbwegs bei Verstand ist, würde der am Nordpol leben wollen, auf Treibeisschollen? Oder die ganze Nacht aufbleiben, am Himmel herumfliegen und Geschenke verteilen, an Kinder, die womöglich gar keine verdient haben? Es gibt einen Punkt, da bekommt Altruismus etwas Krankhaftes. Oder aber er ist das üble

Deckmäntelchen für irgendwelche internationalen Machenschaften.

Ein Mann mit dubioser Adresse, ohne plausible Quelle, aus der er seinen beträchtlichen Reichtum schöpft, steigt nach Mitternacht, wenn anständige, gesetzestreue Bürger mollig in ihren Betten liegen, durch den Schornstein ein – wenn das kein Grund zur Besorgnis ist!

3. Santas Gehilfen

Nochmals: Was wird da gespielt? Warum nehmen diese Wichtelmänner ausbeuterische Arbeitsbedingungen hin, in einer Gegend, die zu den trostlosesten der ganzen Welt gehören muss, wenn sie nicht einen Nutzen davon hätten, der zu unseren Lasten geht?

Heute Unterschichtsmasochismus, morgen blutige Rebellion. Das Ratatatat winziger Hämmer ist vielleicht bloß der Anfang.

4. O Tannenbaum

Wenn er nun umkippt unter der Last der bunten Kugeln, die mit einem Knall zerplatzen? Oder die Holzwürmer, die in ihm wohnen, wandern ab und siedeln sich in den Möbeln an? Ein Baum hat etwas Gespenstisches – die vielgliedrige Erstarrung, in der er dasteht, seine struppige, bedenkenlose Aufgerichtetheit: Wenn einen das schon bei der Begegnung im Freien beunruhigt, wie viel mehr dann im Wohnzimmer! Nachts kann man hören, wie er raschelt und Wasser aus dem Eimer trinkt.

5. Winzige Rentiere

Hufe, die durch Dachschindeln schneiden wie Linoleummesser.

Geweihe wie hundert tote Zweige.

Flugbild schwankend, erinnernd an «welke Blätter, die vor dem wilden Sturmwind fliehn». Fell wahrscheinlich voll von krankheitserregenden Zecken.

6. Tod durch Stromschlag

Es sind nicht mehr bloß die defekten Lichterschnüre oder der durchgeschmorte Trafo der schnittigen kleinen Eisenbahn.

Es sind all die Batteriepakete, die elektronischen Spiele, die digitalen Lexika, die Roboter, die nur so zischen vor künstlicher Intelligenz. Sogar das Lametta ist geladen.

7. Weihnachtslieder

Sie dröhnen und klingeln von den hohen Decken der Supermärkte und Discountläden, aber die Stimmung sinkt und sinkt. Ist uns das Herz so schwer geworden, seit wir keine Kinder mehr sind? Was ist mit uns geschehen? Warum spielen sie nie mehr unsere Lieblingslieder? Was *waren* unsere Lieblingslieder? Damdidam der Engelein Chor und so weiter am himmlischen Tor.

8. Das Feiertagsprogramm

War Charlie Browns Stimme schon immer so wehleidig und nervtötend? Hat Bing Crosby immer schon diesen kleinen Schmerbauch gehabt, und ist er immer schon so gegangen, mit den Zehen nach außen? War das nicht Danny Kaye / Fred Astaire / Jimmy Stewart?

Lebt Vera-Ellen eigentlich noch? Gibt es nicht irgendwas anderes, Wrestling vielleicht oder «Osterspaziergang»?

9. Angst, nicht genug zu schenken

Führt zu Schwindelanfällen im Einkaufszentrum, zu angeknacksten Knöcheln auf beschleunigten Rolltreppen, zu verstauchten Daumen und Handgelenken beim Transportieren der Tragetüten, zu Augen- und Gesichtsverletzungen in Bussen voller Pappkartons und zu dem flatterigen Gefühl, die Orientierung verloren zu haben und kurz vor der Verarmung zu stehen.

10. Angst, nicht genug geschenkt zu bekommen

Führt zu bangem Inspizieren der Paketpost und zur Identitätskrise am Weihnachtstag, wenn die Berge aus zerknülltem Einwickelpapier und geleerten Schachteln sich um jeden Stuhl höher türmen, bloß um deinen nicht. Drei öde Schlipse und ein Paar gefütterter Arbeitshandschuhe – so sehen sie dich also?

11. Angst vorm Umtausch

Die Peinlichkeiten, das unziemliche Gefeilsche. Die verlorenen Kassenbons. Die Beschuldigung, die Ware sei beschädigt. Der entwürdigende Abstieg zu den Krämergeistern des Merkantilismus.

12. Die Dunkelheit

Wie früh sie jetzt kommt! Wie grieselig und grün um die Nase alle aussehen, während sie, winterlich grau vermummt, vorüberschleichen im phosphoreszierenden Schein von Kaufhausfenstern, dekoriert mit Styroporschnee, Pappmachészenen eines künstlichen 1890 und wachsblassen Schaufensterpuppen, die zu Posen verlogener Unbeschwertheit hingerenkt sind und karierte Bademäntel tragen. Ist das die Hölle oder bloß ein Indiz für gestiegene Konsumgläubigkeit?

Georg M. Oswald

Große Bescherung

Die Bescherung am Heiligen Abend ist für den engsten Kreis der Familie.

Derselbe erweitert sich am ersten Weihnachtsfeiertag um die Großeltern, die alle vier noch lebendig sind.

Diese werden am zweiten Weihnachtsfeiertag durch den Rest der Verwandtschaft verstärkt, der aus einem Großonkel nebst Sohn sowie einer weiteren Großtante besteht.

Die Anreise sämtlicher Gäste erfolgt gegen Mittag.

Auch die vier Großeltern, die es sich am ersten Weihnachtsfeiertag nicht nehmen ließen, spätabends und in teilweise betrunkenem Zustand den Heimweg anzutreten, reisen heute erneut an, da sie gestern Abend keinesfalls im Haus übernachten wollten, wegen der Umstände, die das gemacht hätte.

Ab sieben Uhr morgens steht die Mutter Martha in der Küche und kümmert sich um die Gans.

Der Sohn Anton, der neun ist, fragt seine Mutter Martha, woher die Gans komme.

Der Sohn Bernhard, der zehn ist, antwortet, bevor die Mutter den Mund öffnen kann: «Aus Polen.» Der Sohn

Anton verzichtet daraufhin auf die weitere Frage: «Warum aus Polen?»

Er will nicht den Eindruck der Unwissenheit in Bezug auf Selbstverständlichkeiten erwecken.

Stumm beobachtet er, wie die Mutter in die Körperöffnung der Gans hineingreift und einen Plastikbeutel herausholt, der das Herz, den Magen und die Leber des Tieres beinhaltet, alles gefroren. Die Mutter greift ein weiteres Mal in die Gans hinein und holt einen Zettel heraus, auf dem etwas Polnisches steht. «Das ist die Garantie», sagt die Mutter.

Vater Ludwig schenkt sich um zehn Uhr vormittags ein Weißbier ein. Das tut er sonst nicht, aber heute schon.

Mutter Martha sagt, dass es ein Kreuz ist: Lädt man die Verwandtschaft ein, ist es nichts, lädt man sie nicht ein, ist es auch nichts.

Der Sohn Anton fragt sich, wie sie das wissen kann, wo doch, seit er auf der Welt ist, die Verwandtschaft noch an jedem zweiten Weihnachtsfeiertag gekommen ist, sodass man gar nicht sagen kann, wie es wäre, wenn sie nicht eingeladen würde.

Vater Ludwig trinkt in einem Zug das halbe Weißbier aus, rülpst beim Abstellen des Glases und wird von Mutter Martha ermahnt, die Kinder seien anwesend und es sei Weihnachten.

Vater Ludwig beschwichtigt sie, indem er ihr zustimmt: Die alten Leute wären besser woanders aufgehoben, aber man könne nicht so sein.

Im ganzen Haus riecht es nach der bratenden Gans und dem kochenden Blaukraut.

Die Söhne Anton und Bernhard sitzen unter dem Christbaum und spielen mit ihren Geschenken.

Beide sind schön angezogen mit ihren Bundlederhosen.

Sohn Anton trägt dazu rote Strümpfe und ein rotweiß kariertes Hemd. Sohn Bernhard blaue Strümpfe und ein blau-weiß kariertes Hemd.

Sohn Anton hat sich vom Vater einen Zug für seine elektrische Eisenbahn gewünscht, einen TEE mit Lok.

Er hat drei Wagen bekommen, aber keine Lok.

Der Vater sagt, das muss reichen.

Sohn Anton weiß, sein Vater würde ihm keine drei Wagen schenken, wenn ihm nicht ein Großvater die Lok schenken würde.

Das sagt er natürlich nicht.

Er tut so, als verberge er seine Enttäuschung, um seinen Vater zu erfreuen.

Sohn Anton und Sohn Bernhard erwarten die Ankunft der Verwandten gierig, denn seit zwei Tagen werden sie ununterbrochen beschenkt und sind es daher bereits gewöhnt.

Am Heiligen Abend war die Bescherung der Eltern, am ersten Weihnachtsfeiertag war kleine Bescherung, weil sich die Großeltern die große Bescherung für den zweiten Weihnachtsfeiertag aufheben wollten, weil dann auch Großonkel Kurt, der Onkel Kurt genannt wird, mit seinem Sohn Walter und Großtante Sophie, die Tante Sophie genannt wird, dabei sind, sodass es sich lohnt.

Die Anreise der Verwandtschaft vollzieht sich um elf Uhr am Vormittag in Onkel Kurts goldfarbenem BMW.

Vorne sitzen Onkel Kurt am Steuer und sein Sohn Walter auf dem Beifahrersitz.

Hinten sitzen Oma Rosemarie und Tante Sophie, links und rechts von Opa Eduard.

Oma Erika und Opa Schorsch kommen mit der S-Bahn,

weil in dem goldfarbenen BMW von Onkel Kurt nicht genug Platz ist und Onkel Kurt mit Oma Rosemarie, Tante Sophie, Opa Eduard und Walter immer zusammen ist, mit Oma Erika und Opa Schorsch hingegen nur am zweiten Weihnachtsfeiertag.

Mutter Martha, die Tochter von Oma Erika und Opa Schorsch, ist deshalb eifersüchtig. Sie will, dass ihre Eltern die gleiche Anerkennung genießen wie Oma Rosemarie und Opa Eduard, die Eltern Vater Ludwigs. Aber das geht nicht, denn sind Oma Rosemarie und Opa Eduard auch nicht gerade etwas Besseres als Oma Erika und Opa Schorsch, so sind sie doch zumindest aus der Stadt und haben – das weiß jeder – im Rahmen ihrer Möglichkeiten Lebensart.

Oma Erika und Opa Schorsch hingegen mögen nach dem Krieg gewisse Vorteile durch ihre räumliche und wesensbedingte Nähe zur Landwirtschaft gehabt haben, die durch ihre strikte Weigerung, mit der Zeit zu gehen, aber längst überholt und mehr als aufgewogen sind, das ist bekannt.

Sohn Anton und Sohn Bernhard bleiben an der Tür stehen, als die Verwandten aus dem goldfarbenen BMW von Onkel Kurt aussteigen.

Mutter Martha und Vater Ludwig gehen zur Einfahrt und nehmen die Begrüßung vor.

Diese gelingt ohne größere Schwierigkeiten, weil Oma Erika und Opa Schorsch noch nicht anwesend sind und deshalb die Anzahl der Rücksichten, Begrüßungsreihenfolge und -herzlichkeit betreffend, überschaubar bleibt, auch die angemessen gewichtete Verteilung von Respekt bereitet im Augenblick keine weiteren Probleme, sie erfolgt entsprechend der unausgesprochenen bestehenden

Rangordnung der Verwandten. Die Rangfolge lautet: Oma Rosemarie, Opa Eduard, Onkel Kurt, Tante Sophie, Walter.

Wollte man Oma Erika und Opa Schorsch in diese Rangfolge aufnehmen, würde Oma Erika vor Opa Schorsch kommen, aber hinter Tante Sophie, Opa Schorsch immerhin noch vor Walter, aber bestimmt an keiner Stelle weiter vorne.

Oma Erika, die es, nach allgemeinem Urteil, in ihrem Leben nicht gut getroffen hat und die nach demselben zu mehr in der Lage gewesen wäre, leidet unter ihrem eigenen schlechten Ansehen, das so schlecht ist, weil das von Opa Schorsch noch viel schlechter ist.

Opa Schorsch ist, weil er so oft blau ist, sehr schlecht angesehen. Zwar ist der besser angesehene Opa Eduard auch oft blau, kann es sich aber leisten, denn er hat, das steht fest, im Rahmen seiner Möglichkeiten Format.

Alles in allem betrachtet, ist es nur gut, dass Oma Erika und Opa Schorsch mit der S-Bahn kommen, dann gibt es keine Reibereien.

Übrigens hat Opa Schorsch keinen Grund zur Beschwerde, denn ist er auch schlecht angesehen, so rangiert er doch noch vor Walter.

Walter ist als Sohn von Onkel Kurt, der ein Bruder von Opa Eduard ist, ein Vetter von Vater Ludwig, er wird aber nicht als solcher bezeichnet, denn Walter ist geistig nicht auf der Höhe.

Über Walters tragisches Schicksal wird nicht gesprochen, jeder kennt es, selbst die Söhne Anton und Bernhard.

Wird es, was ganz selten vorkommt, doch angesprochen, wird es nur als Walters tragisches Schicksal bezeichnet.

Walters tragisches Schicksal ist es, im Alter von vier Jahren mit dem Tretroller vor ein Auto gekommen zu sein. Das Auto hat Walter umgefahren, er ist mit dem Kopf auf den Asphalt geschlagen, anschließend zwei Wochen ohne Bewusstsein im Krankenhaus gelegen, und seitdem er wieder aufgewacht ist, ist er geistig nicht auf der Höhe.

Oma Rosemarie, Opa Eduard, Onkel Kurt, Tante Sophie und Walter kommen langsam ins Haus.

Die Damen schreiten voran, die Herren entladen den Kofferraum von Onkel Kurts goldfarbenem BMW, der die Bescherungsgegenstände birgt.

Sie kommen hinter den Damen her, alle drei mit mächtigen Paketen bepackt, die zum Schutz und zur Tarnung in Plastiktüten mit den Aufdrucken Woolworth, Kaufhof und Hertie gehüllt sind.

Die Damen verursachen zusammen mit Mutter Martha anhaltenden Begrüßungslärm.

Sohn Anton und Sohn Bernhard stehen erwartungsfroh lächelnd in der Haustür, Sohn Anton versteht nur die in höchster Tonlage gesprochenen Wörter: Gell, ja, schön, Mühe, Freude, Martha, jedes Jahr.

Vater Ludwig ist wieder ins Haus gegangen, das Weißbier austrinken und Platz schaffen unter dem Christbaum für die große Bescherung.

In dem geräumigen Esszimmer hat Mutter Martha die Festtafel gedeckt, der Christbaum steht nebenan im Wohnzimmer.

An der Haustür angekommen, werden die Damen auch von Sohn Anton und Sohn Bernhard artig begrüßt.

Als erste Oma Rosemarie: «Grüß dich Gott, Oma Rosemarie!»

Beide machen, wie es die Mutter Martha verordnet hat, einen feschen Diener.

Oma Rosemarie fährt mit beiden Händen beiden durchs Haar und sagt: «Zwei ganz fesche Buben.»

Sohn Anton und Sohn Bernhard halten beide die Arme hinter dem Rücken verschränkt und grinsen gesund.

Dann geht es weiter: «Grüß dich Gott, Tante Sophie!», fescher Diener, «Grüß dich Gott, Opa Eduard!», fescher Diener, «Grüß dich Gott, Onkel Kurt», fescher Diener, «Servus, Walter!»

Mutter Martha weist an: «Anton, sei ein fescher Kavalier, hilf der Oma Rosemarie aus dem Mantel. Bernhard, sei ein fescher Kavalier, hilf der Tante Sophie aus dem Mantel.»

Oma Rosemarie übernimmt nun, indem sie sich neben dem Christbaum aufstellt, das Regiment.

Mutter Martha geht derweil in die Küche und kümmert sich um die Gans.

Oma Rosemarie weist Opa Eduard und Vater Ludwig mit plötzlich dienstlicher Schärfe an, die Geschenke für die große Bescherung von den Plastiktüten zu befreien und unter dem Christbaum aufzubauen, jedoch nicht bevor Sohn Anton und Sohn Bernhard durch mehrfaches, schnelles Händeklatschen verscheucht worden sind.

Sohn Anton und Sohn Bernhard laufen zu ihrem Zimmer, dem Bubenzimmer, das sich am Ende des Flurs befindet, der einen Knick macht, hinter dem man sich verstecken und luren kann.

Luren heißt bei Sohn Anton und Sohn Bernhard das verbotene Zuschauen bei etwas, das man nicht sehen darf.

Hinter dem Knick im Flur, den sie selbst das Lur-Eck nennen, bleiben Sohn Anton und Sohn Bernhard sofort stehen und postieren sich so, dass sie ins Wohnzimmer und zum Christbaum hinsehen können, selbst jedoch nicht als Lurer bemerkt werden.

Aus der Ferne betrachtet, fällt Sohn Anton auf, kann man die Menschen besser im Ganzen sehen, besonders wenn sie so umfangreich sind wie Oma Rosemarie.

Oma Rosemarie trägt mit Absicht ein schlicht und gerade geschnittenes Kleid, das mit großen dunkelroten Rosen und saftig grünen Blättern auf hellrotem Untergrund bedruckt ist, denn das passt zu ihrem Namen, sagt sie.

Um den Hals und auf der Brust hat sie eine lange Kette aus dicken weißen Perlen, wie alle Frauen in der Verwandtschaft bei feierlichen Anlässen.

Ihre grauen Haare sind hochgesteckt mit vielen Nadeln, die man, wenn man genau hinsieht, erkennen kann. In ihrer Nähe riecht es nach Haarspray.

Opa Eduard mault «jajajajaja», als Oma Rosemarie nach dem Verschwinden von Sohn Anton und Sohn Bernhard hinter dem Lur-Eck ihren Befehl, Beseitigung der Plastiktüten, erneuert, denn er hat seinen sandbraunen Trenchcoat noch nicht ausgezogen und ist noch nicht dazu gekommen, seinen dazu passenden Pepitahut abzunehmen, schon muss er Oma Rosemaries Anordnungen ungesäumt folgen.

Vater Ludwig ist derweil bereits auf allen vieren unter dem Christbaum.

Es werden zwei Geschenkpyramiden, die einander sehr ähneln, aufgebaut, indem Opa Eduard die aus den Plastiktüten gepackten Geschenkpakete Vater Ludwig gibt, der sie gemäß den Anweisungen der Oma Rosemarie auftürmt.

Die übrige Verwandtschaft sitzt unterdessen in den Wohnzimmermöbeln und schaut.

Tante Sophie, die zweiundsiebzig ist, raucht Kette.

Eine Zigarette, die sie Walter anbietet, schlägt dieser aus.

«Walter, magst ein Weißbier?», fragt Mutter Martha, kurz aus der Küche kommend.

Walter mag ein Weißbier.

Nachdem Vater Ludwig und Opa Eduard Oma Rosemarie angezeigt haben, die Geschenkpyramiden seien fertig, verkündet diese, der sofortigen großen Bescherung stünde nichts mehr entgegen, sobald Opa Eduard nur endlich seinen Mantel ausgezogen und seinen Hut abgenommen habe. Da kommt Mutter Martha aus der Küche, Knödel und Blaukraut seien bald fertig, ebenso die Gans, und hält dagegen, eine große Bescherung sei erst möglich, wenn auch Oma Erika und Opa Schorsch anwesend seien.

Daraufhin schweigt Oma Rosemarie, ihr Gesicht trägt einen Ausdruck strenger Missbilligung.

Sohn Anton und Sohn Bernhard, noch immer hinter dem Lur-Eck, blicken sich, neugierig, wie dieser Zusammenstoß ausgehen wird, an.

In diesem Moment klingelt das Telefon, im Nachhinein lässt sich sagen: wie gerufen.

Mutter Martha hebt ab, sagt in längeren Abständen viermal kurz «ja» und hängt ein.

Sie spricht zu allen, vermeidet aber, Oma Rosemarie anzuschauen: «Oma Erika und Opa Schorsch kommen einen Zug später. Dem Opa Schorsch war nicht gut. Wir sollen mit der großen Bescherung schon anfangen; wenn es sein muss, auch mit dem Essen.»

«Der war gestern wieder blau!», meldet sich mit hoher Stimme Tante Sophie.

«Gestern?», fügt Oma Rosemarie schnippisch fragend

170

an und sagt: «Wenn die nicht kommen, dann ist – wie ich gesagt hab – die große Bescherung jetzt. Schließlich ist das für die Kinder, die nichts dafür können.»

Sohn Anton bekommt von Sohn Bernhard einen leichten Stoß mit dem Ellbogen in die Rippen, der bedeutet: Haut schon!

Mutter Martha muss sich geschlagen geben. Sie sucht Hilfe bei Vater Ludwig, der sie beschwichtigt, er würde Oma Erika und Opa Schorsch dann eben später von der S-Bahn abholen.

Oma Rosemarie fragt Mutter Martha: «Wo ist das Glöckerl?»

Wenn das Glöckerl läutet, wissen Sohn Anton und Sohn Bernhard, es ist Zeit für die große Bescherung.

Sohn Anton und Sohn Bernhard wissen genau, wo das Glöckerl ist.

Es hängt am Christbaum, zwischen den Christbaumkerzen und -kugeln und dem Lametta an versteckter Stelle.

Mutter Martha sucht es vergebens.

Oma Rosemarie hält das, erkennbar an ihrer ungeduldigen Wartehaltung, die Arme über dem wehrhaft vorgestreckten Busen verschränkt, für Sabotage.

Als ihr Mutter Martha aufrichtig sagt: «Ich kann das Glöckerl nicht finden», schreit Oma Rosemarie ohne weiteres und sich dabei auf Zehenspitzen stellend in Richtung Flur: «Das Christkind ist daaa!»

Sohn Anton und Sohn Bernhard sind sich nicht sicher, ob das Schreien von Oma Rosemarie als Startzeichen für die große Bescherung ausreichend ist oder ob auf die Entdeckung des Glöckerls gewartet werden muss. Sie verharren daher hinter dem Lur-Eck, bis auch Mutter Martha sich, wegen der Kinder, die nichts dafür können, wie sicherlich auch sie denkt, scheint's, einen Ruck gibt und ruft: «Kommt Kinder!» – das Christkind dabei nicht erwähnend.

Solchermaßen aufgefordert, trauen sich Sohn Anton und Sohn Bernhard zu kommen und rennen los zum Christbaum.

Mit auspackbereiten Armen stehen sie vor den Geschenkpyramiden und warten auf ein letztes Zeichen von Oma Rosemarie.

«Das linke ist für den Anton, das rechte ist für den Bernhard. Fangt an!», verfügt diese.

Sohn Anton und Sohn Bernhard fangen an.

Oma Rosemarie und die Verwandtschaft sind gespannt.

Aus den Geschenkpyramiden werden ohne Zögern Geschenkhaufen gemacht. Sohn Anton fängt mit den kleinsten Päckchen an, die, wie er weiß, Süßigkeiten enthalten. Er will die großen und teuren Geschenke erst zum Schluss auspacken, weil das bescheidener und artiger ist als umgekehrt. Außerdem kann er dann die Danksagungen in ihrer Heftigkeit von Geschenk zu Geschenk steigern, was die Verwandtschaft erfreut. Sohn Bernhard macht es nicht anders.

Opa Eduard wird aber ungeduldig. «Das ist alles bloß Schoggolad!», ruft er, um ein der großen Bescherung angemessenes Hochdeutsch bemüht, als er Sohn Anton beobachtet, der sorgfältig den Tesafilm von den durch Oma Rosemarie als Geschenkpapier benutzten bunt bedruckten Papierservietten ablöst.

«Da ist überall das Gleiche drin, damit ein jedes das Gleiche hat und keines benachteiligt ist», erläutert Oma Rosemarie.

Sohn Anton und Sohn Bernhard spotten gerne heimlich

über die Süßigkeiten, die sie von Oma Rosemarie und Opa Eduard bekommen, die sind nämlich meistens eklig.

Gezuckerte Geleebonbons, falsche Gummibärchen, die nicht klein und hart, sondern groß und knautschig sind. Zartbitterschokolade, Erfrischungsstäbchen, nicht selbst gemachte Plätzchen, sondern gekaufte – das alles ist meistens eklig und wird gleich der Mutter Martha zum Wegtun gegeben.

Andere Süßigkeiten – Trauben-Nuss-Schokolade, weiße Schokolade, Pralinen, Elisen-Lebkuchen, Kokosflocken, Campino-Bonbons und Nimm 2 – sind gut und werden sogleich an sichere Orte verbracht.

Nachdem alle Süßigkeiten ausgepackt sind, wird sich bedankt.

Zu diesem Zweck läuft Sohn Anton zu Oma Rosemarie, Sohn Bernhard zu Opa Eduard.

Sohn Anton gibt Oma Rosemarie ein Bussi auf die Backe, das will sie. Sohn Bernhard gibt Opa Eduard ein Bussi auf die Backe, das will der nicht, er dreht sich weg und sagt: «Ageh!»

Sohn Bernhard lässt von Opa Eduard ab und umarmt Oma Rosemarie, die das Bussi mag.

Sohn Anton bedankt sich derweilen bei Opa Eduard mit einem feschen Diener.

Der Sohn Anton ist für sein Alter schon ein Prachtkerl, der Sohn Bernhard für sein Alter viel zu verzärtelt und verspielt, das wissen alle, und Opa Eduard sagt es immer wieder.

Die große Bescherung geht weiter.

Sohn Anton packt aus: Karl May, Der Schatz im Silbersee; Bussi, fescher Diener.

Sohn Bernhard packt aus: Hans Dominik, Flug in den

Weltraum; Bussi, fescher Diener – das hat er vom jüngeren Bruder abgeschaut.

«Der Bub könnds ja», sagt Opa Eduard befriedigt.

Sohn Anton und Sohn Bernhard packen jeweils aus: Socken, Unterwäsche, zwei Pullover, zwei Hemden lang, zwei Hemden kurz, zwei Kordhosen lang.

Oma Rosemarie und Mutter Martha wechseln Blicke der Übereinkunft.

Sohn Anton und Sohn Bernhard langweilen sich. Bussi, fescher Diener.

Die große Bescherung geht weiter.

Sohn Bernhard packt aus: eine Ziehharmonika, die hat er sich gewünscht, liebes Bussi, ganz fescher Diener.

Sohn Anton packt aus: ein längliches, rechteckiges Paket, in dem sich, wie er sofort gesehen hat, die TEE-Lok befindet. Er freut sich, aber ärgert sich, dass er Überraschung mimen muss: «Mensch! Eine TEE-Lok!», ganz liebes Bussi, ganz, ganz fescher Diener.

Opa Eduard fragt, auf Belehrung bedacht, Sohn Anton, der den Bescherungsgegenstand in Händen hält: «Worum heißd die Log DEE?»

Mutter Martha scherzt: «Vielleicht, weil's darin nur Tee gibt?»

Sohn Anton weist sie verärgert zurecht: «Geh, Mama – Trans-Europ-Express!»

Opa Eduard lobt: «Ein gonz fixer Bursch!»

Die Mutter Martha schweigt stolz.

Der Vater Ludwig sagt: «Gell, Anton, jetzt hast schon gmeint, es wird nix mehr mit der Lok.»

Sohn Anton nickt grinsend, als sei nochmal alles gut gegangen.

Oma Rosemarie, die Hände hinter dem Rücken versteckt, sagt: «So, Buben, das waren alles recht schöne Geschenke, aber jetzt kommt die Hauptsach!»

Sohn Anton und Sohn Bernhard wissen aus Erfahrung, dass jetzt die Kuverts mit den Geldscheinen dran sind.

Sie fragen: «Was denn?»

Oma Rosemarie fragt: «Links oder rechts?»

«Links!», sagt Sohn Anton. «Rechts!», sagt Sohn Bernhard.

Oma Rosemarie hat in jeder Hand ein Kuvert, wie verlangt gibt sie das linke an Sohn Anton, das rechte an Sohn Bernhard.

Beide öffnen gleichzeitig die Kuverts und ziehen blaue Geldscheine heraus: ein-, zwei-, drei-, vier-, fünfhundert Mark! Und das für jeden! Ganz, ganz liebes Bussi, ganz, ganz, ganz fescher Diener!

Alle freuen sich über die fassungslose Freude von Sohn Anton und Sohn Bernhard.

Es ist ganz allgemein das Schönste, wenn man den Kindern gibt, was sie am meisten brauchen, das weiß jeder.

In die allgemeine Freude hinein kommt Onkel Kurt auf Sohn Anton und Sohn Bernhard zu, die beide mit ihren je fünfhundert Mark unter dem Christbaum reich und überglücklich stehen, und drückt ohne Kuvert, also buchstäblich bar, einem jeden einen weiteren Hunderter in die Hand.

Diese Form der Geschenkübergabe wird toleriert, denn Onkel Kurt war in seinem Berufsleben als Abteilungsleiter ein ernsthafter Mensch, der nie auf die Form, stets auf den Inhalt zu achten pflegte – ganz so wie auch heute noch.

Der geringeren Summe des derart überreichten Geldgeschenks braucht er sich nicht zu schämen, als entfernter

Verwandter läuft er außer Konkurrenz zu den Großeltern, das Schenken an sich schon ist bei ihm Draufgabe.

Damit ist fürs Erste die große Bescherung vorbei, und die ganze Verwandtschaft soll sich auf Anregung Vater Ludwigs zu Tisch begeben. Jedoch, fährt Mutter Martha dazwischen, es sei höchste Zeit, Oma Erika und Opa Schorsch von der S-Bahn abzuholen, sie würden jeden Moment am Bahnhof eintreffen. Vater Ludwig solle sie gleich abholen, sie, die anwesende Verwandtschaft, werde solange warten, und zwar im Wohnzimmer. Die anwesende Verwandtschaft mault.

«Wegen dem Schorsch, der nicht püngdlich sein konn – ein jeder weiß, worum –, solln alle jedzd mid dem Essn wordn. Des is ein Sauschdoll!», entfährt es Opa Eduard.

Mutter Martha schaut verärgert und schweigt.

Die Söhne Anton und Bernhard beraten, wo sie ihr Geld verstecken sollen.

Vater Ludwig macht sich auf den Weg.

Tante Sophie raucht. Walter döst und trinkt Weißbier.

Oma Rosemarie ist zufrieden wegen der großen Bescherung und pfeift sichtlich auf Oma Erika und Opa Schorsch.

Eine halbe Stunde später trifft Vater Ludwig mit Oma Erika und Opa Schorsch ein.

Mutter Martha begrüßt ihre Eltern herzlich.

Oma Rosemarie will Mutter Martha nicht nachstehen: «Grüß euch, grüß euch! Ach, ist das schön, dass ihr doch noch kommt», sagt sie.

Opa Schorsch sieht Oma Rosemarie misstrauisch an und bittet seine Tochter, ohne den Gruß Oma Rosemaries erwidert zu haben, unverzüglich um Weißbier.

Er begibt sich mit Oma Erika ins Wohnzimmer zur weiteren Verwandtschaft.

Es erfolgt eine formlose allgemeine Begrüßung durch Zuruf. Sohn Anton und Sohn Bernhard geben die Hand, unterlassen aber ungerügt fesche Diener sowie Kavaliershandlungen.

Oma Rosemarie lässt nicht locker: «Schade, dass die große Bescherung schon vorbei ist. Na, dann müsst ihr eben nachbescheren – ist auch nicht so schlimm, nicht?»

Sohn Anton beobachtet, wie Oma Erika daraufhin an Oma Rosemarie herantritt und Unverständliches flüstert.

Oma Rosemarie antwortet laut und mit offensichtlich gespielter Entrüstung: «Aber Erika! Eduard würde dich doch nie und nimmer belügen!»

Oma Erika wendet sich von Oma Rosemarie ab, hin zu den unter dem Christbaum sitzenden Söhnen Anton und Bernhard. Sie öffnet ihre Handtasche und gibt einem jeden ein Kuvert.

Beide öffnen gleichzeitig die Kuverts und ziehen blaue Geldscheine heraus. Ein-, zwei-, dreihundert Mark! «Danke, Oma Erika, danke, Opa Schorsch» – kein Bussi, kein fescher Diener.

Oma Erika fragt die Söhne Anton und Bernhard verwundert, aber doch mit gekünstelt kindlichem Interesse: «Was habt's denn ihr vom Opa Eduard und von der Oma Rosemarie alles gekriegt?»

Einstimmig tönen die Söhne Anton und Bernhard: «Ganz viele Sachen und fünfhundert Mark.»

Oma Erikas Gesicht wird blass und böse.

Sie richtet sich zu voller Größe auf und wirft einen fürchterlichen Blick auf Oma Rosemarie, dann auf Opa Eduard.

«Dreihundert Mark war ausgemacht! Dreihundert Mark hat Eduard gesagt! Dreihundert, nicht fünfhundert Mark, Rosemarie! Er hat mich belogen!» Oma Erika ist außer sich, Mutter Martha macht beschwichtigende Gesten. Oma Erika kramt in ihrer Handtasche nach ihrem Portemonnaie.

Sie entnimmt ihm zwei Hunderter und fragt Mutter Martha in nun wieder sachlichem Ton, ob sie ihr zweihundert Mark leihen könne, bis morgen. Freudig holt Mutter Martha ihr Portemonnaie und borgt Oma Erika das Geld.

Oma Erika gibt Sohn Anton und Sohn Bernhard jeweils zweihundert Mark. Sie nehmen das Geld geschäftsmäßig an sich, «dankedanke», trotzdem kein Bussi, kein fescher Diener, und stecken es zu dem anderen.

Oma Erika hat sich einigermaßen beruhigt, scheinbar empfindet sie Genugtuung, nun hat sie ebenso viel geschenkt wie Oma Rosemarie und Opa Eduard.

Opa Schorsch ist es gleich, er fragt Vater Ludwig, wie es mit weiterem Weißbier aussehe, die Luft sei trocken.

Opa Eduard, der gut Wetter machen will, bittet Vater Ludwig ebenfalls um Weißbier.

Mutter Martha, die wieder halbwegs guter Dinge ist, bittet nun endlich zu Tisch.

Alles erhebt sich und tritt an die Tafel im Esszimmer heran.

Mutter Martha weist die Plätze an. Oma Rosemarie übernimmt den Vorsitz, Opa Eduard sitzt neben ihr; neben Opa Eduard sitzt Onkel Kurt, neben Onkel Kurt sitzt Tante Sophie; Oma Erika sitzt neben Tante Sophie, neben Oma Erika sitzt Opa Schorsch, Opa Schorsch sitzt neben Walter, Walter sitzt neben der Tür, neben der Tür steht der Katzentisch, an dem sitzen Sohn Anton und Sohn Bernhard.

Auf dem Weg zu seinem Platz zeigt Opa Schorsch Sohn Anton und Sohn Bernhard das Spiel Gerade / Ungerade: Einer hält einen Geldschein verdeckt und fragt den anderen, ob die letzte Ziffer der Nummer des Geldscheins gerade oder ungerade ist.

Antwortet der andere richtig, bekommt er den Geldschein, antwortet er falsch, muss er selbst einen Geldschein gleichen Wertes bezahlen.

Sohn Anton und Sohn Bernhard sind begeistert.

«Aber nur heimlich spielen!», empfiehlt Opa Schorsch.

Endlich sitzen alle bei Tisch.

Die Einnahme des Festessens erfolgt wortlos in zirka fünfzehn Minuten unter Erzeugung erheblicher Essgeräusche.

Insbesondere Opa Eduard verschluckt sich häufig. Sohn Antons Appetit wird dadurch beeinträchtigt, er lässt, entgegen seinen Gewohnheiten, einen halben Knödel stehen.

Nach dem Essen verlangt die Verwandtschaft nach Schnaps.

Opa Schorsch bemerkt, auch für Weißbier sei durchaus noch Platz.

Vater Ludwig reicht Zwetschgenwasser.

Tante Sophie, die bereits wieder raucht, merkt an, in Ehren könne sie ein Schnäpschen nicht verwehren.

Sohn Anton und Sohn Bernhard langweilen sich und fragen, ob sie aufstehen dürfen.

Mutter Martha gestattet es.

Sie setzen sich unter den Christbaum und spielen sofort Gerade / Ungerade.

Die Erwachsenen beginnen mit der Durchführung des Gesprächs.

Oma Rosemarie: «Gut war's, Martha.»

Opa Eduard: «A bissl zäh, die Gons, zu viele Flugschdundn, haha, da konnd ma sich leichd verschluggn. Ein Hoch auf die Köchin. Brosd.»

Mutter Martha fragt, ob sie abräumen dürfe, und bekommt allgemeine Zustimmung, durch Grunzen und Kopfnicken zum Ausdruck gebracht.

Vater Ludwig schenkt, während seine Frau die abgegessenen Teller in die Küche trägt, weitere Schnäpse ein.

Schnell kommt die Rede auf die schlechte Zeit, damals, und wie sich alles entwickelt hat.

Es wird allgemein festgestellt, dass Oma Rosemarie und Opa Eduard im Rahmen ihrer Möglichkeiten Lebensart haben, dass man Onkel Kurt den Abteilungsleiter heute noch ansieht, dass Tante Sophie mit ihren zweiundsiebzig Jahren immer noch raucht, dass es Oma Erika in ihrem Leben nicht gut getroffen hat, dass Opa Schorsch immer blau ist, dass Walter ein tragisches Schicksal zu tragen hat und dass dies heute alles nicht so wichtig ist wegen Weihnachten, und Hauptsache, die Kinder freuen sich.

Nachdem dies alles festgestellt ist, ist das Gespräch beendet, die Verwandtschaft wird unruhig, sie will nach Hause.

«Leider, wir müssen!», sagt Oma Rosemarie zu Mutter Martha.

Sohn Anton und Sohn Bernhard werden von Mutter Martha gerufen: «Anton, sei ein fescher Kavalier, hilf Oma Rosemarie in den Mantel. Bernhard, sei ein fescher Kavalier, hilf Tante Sophie in den Mantel!»

Mutter Martha selbst hilft Oma Erika in den Mantel. Vater Ludwig hilft Opa Eduard in den Mantel, Walter hilft

Onkel Kurt in den Mantel, Opa Schorsch zieht sich, wie Walter, seinen Mantel selber an.

An der Haustür wird die Verwandtschaft von Sohn Anton und Sohn Bernhard artig verabschiedet: «Leb wohl, Oma Rosemarie!», fescher Diener, «Leb wohl, Opa Eduard!», fescher Diener, «Leb wohl, Onkel Kurt!», fescher Diener, «Leb wohl, Tante Sophie», fescher Diener, «Auf Wiedersehen, Oma Erika!», «Auf Wiedersehen, Opa Schorsch!», «Servus, Walter!»

Oma Rosemarie, Opa Eduard, Onkel Kurt, Tante Sophie und Walter steigen in Onkel Kurts goldfarbenen BMW.

Sohn Anton und Sohn Bernhard winken artig.

Langsam setzt sich der goldfarbene BMW in Bewegung, die Insassen winken zurück.

Vater Ludwig bringt Oma Erika und Opa Schorsch zur S-Bahn.

Als er zurückkommt, setzt er sich ins Wohnzimmer und macht sich ein Weißbier auf.

Sohn Anton und Sohn Bernhard sitzen wieder unter dem Christbaum und spielen Gerade / Ungerade.

Mutter Martha steht in der Küche und spült ab.

Dagmar Chidolue

Millie feiert Weihnachten

Den ganzen Tag lang ist schon **Heiligabend** gewesen, aber erst abends wird gefeiert.

Millie und Trudel müssen in der Küche warten, bis das **Christkind** mit dem Glöckchen bimmelt. Das Christkind ist das Jesuskind, man nennt es auch so. Aber es ist nicht richtig da, nicht in Millies Wohnung. In Wirklichkeit ist es Papa, der mit dem Glöckchen bimmelt.

Millie hat Trudel an der Hand, als sie das Zimmer betreten. Jetzt ist das Wohnzimmer kein Wohnzimmer mehr, sondern ein Weihnachtszimmer.

Ooohhh. Die Lichter am Tannenbaum brennen. Es riecht nach Kerzen. Es ist so warm, dass Millie meint, sie kocht gleich über. Die Hitze kommt aber nicht nur von den brennenden Kerzen und der Heizung. Sie kommt auch von innen, von dort, wo die Freude in Millie steckt. Herz und Bauch.

Papa ist der beste Weihnachtsbaumschmücker auf der Welt!

Da staunt Trudel aber. Papa hat sie auf den Arm genommen. Sie hopst und hopst und hört nicht auf damit. Laut kreischt sie: «Dadididadai.»

Alles ist so, wie es sein soll: Die Strohsterne baumeln an weißen Fäden. In den Silberkugeln kann Millie ihr Gesicht sehen. Es ist schief. Schief oben und schief unten. Millies Weihnachtsgesicht. Die Glasglöckchen bewegen sich leicht im warmen Kerzenschein. **Klingelbimmel.**

An der Zimmerdecke rast der Schatten der Weihnachtspyramide im Kreis herum. Trudel zeigt mit dem Finger nach oben. Dabei steht die Pyramide doch auf dem Tisch. Die Wärme der Kerzen macht, dass die zwei Rehe und der Holzfäller und die Kiepenfrau sich jagen. Das hat Papa Millie erklärt. Es kommt Millie trotzdem wie ein Wunder vor, dass etwas **ohne alles** so flitzen kann. Die Wärme riecht nach brennenden Kerzen und Tannengrün.

Trudel hat die **bunten Teller** entdeckt. Hach, sieht das lecker aus! Aber noch dürfen sie nicht naschen. Zuerst müssen sie sich hinsetzen, und es wird gesungen. Das macht man, damit es extra spannend ist.

O Tannenbaum, o Tannenbaum, wie treu sind deine Blätter.

Kling, Glöckchen, klingelingeling, kling, Glöckchen, kling.

Jetzt ist aber genug. Trudel rutscht von Papas Schoß. Sie will mit ihrer Schnute ganz nah an das Kerzenlicht. **Das ist verboten.**

Sie singen noch ein Lied, bevor es richtig losgeht. Das schönste Lied. *Stihille Nacht, heeeiiiilige Nacht.*

Letztes Jahr, das weiß Millie noch, war bei diesem Lied Schluss mit der Singerei.

Mama singt schön mit ihrer hohen Stimme. Nur bei den spitzen Tönen ganz oben zittern die Wörter ein bisschen. Papa brummt dazwischen. Wie ein Teddybär. Brummbrummbrumm. Ist aber auch schön.

Millie freut sich mächtig. Sie ist schon pickepacke voll mit Freude. Das ist wie in einem dicken Pudding sitzen. Aber wann gibt es denn endlich die Geschenke?

Jetzt.

Papa bekommt von Millie einen Porzellanelefanten. Ein Weihnachtselefant!

Mama kriegt von Millie eine Flasche Badesalz. Hat Papa gekauft. Die Flasche ist so schön wie eine Blumenvase. «Jetzt musst du aber auch baden», sagt Millie.

«Heute noch?», fragt Mama.

Nein, heute soll Mama lieber nicht mehr baden. Heute wird nur noch Weihnachten gefeiert.

Trudel bekommt von Millie den Brummkreisel geschenkt. Sie weiß nicht, dass sie ihn schon einmal von Millie bekommen hat. Ein anderes Geschenk wäre zu schade für Trudel gewesen. Sie macht ja sowieso alles kaputt. Jetzt öffnet Millie ihre Päckchen. Das ist vielleicht aufregend. Es kribbelt in den Fingern. Millie versucht, vorsichtig beim Auspacken zu sein. Sie pult mit spitzen Fingern die Schleifen auf. Die breiten Schleifen behält Mama für nächstes Jahr. Oder für Geburtstagsgeschenke.

Millie faltet das Papier sorgfältig auseinander. Dann dauert die Freude länger.

Was bekommt Millie denn alles geschenkt?

In dem Papier mit den Tannenzweigen ist eine Uhr mit Mickymaus eingewickelt gewesen.

Kennt Millie schon.

Und in dem Bogen, auf dem goldene Glocken zu sehen sind, ist der Legobaukasten eingepackt, mit dem man ein Schloss bauen kann.

Kennt Millie schon.

Beim Auspacken des letzten Päckchens hat Millie ein ganz komisches Gefühl.

Sie weiß ja schon, was drin ist. Richtig. Im letzten Päckchen sind die roten Turnschuhe, wie Gus sie hat, aber in Grün, und im **allerletzten** Päckchen steckt die Ballettkleidpuppe in Blaublaublau.

Ist das alles?

Millie kennt die Geschenke doch schon.

Es ist blöd, wenn man die Geschenke schon kennt. Millie kann sich gar nicht freuen.

Ja, sie ist sogar **wütend**. So sehr, dass sie einmal richtig mit dem Fuß ausholen und an das Tischbein treten muss. Damit die Wut aus dem Bauch und durch den Fuß rausrutscht.

Die Wut saust aber nicht ganz raus. Sie treibt Millie Tränen in die Augen.

Millie reißt ihre Augen ganz weit auf. Auf keinen Fall darf sie jetzt mit den Augenlidern klimpern. Sonst rollen Tränen raus, und Mama und Papa wollen wissen, warum.

Keiner darf wissen, warum Millie wütend und traurig zugleich ist. Es ist ein schreckliches Geheimnis, und wenn sie es verraten würde, dann wäre vielleicht was los!

Mama merkt aber alles.

«Ist was, Millie?», fragt sie.

«Nein, nein, nein», flüstert Millie.

«Was hast du denn, mein Schätzelein?»

Wenn Mama **mein Schätzelein** sagt, dann wird Millie ganz tief innendrin butterweich. Dann muss Millie heulen.

«Millielein», sagt Papa. «Was ist denn bloß los?»

Nichts ist los.

Millie lässt die Tränen laufen, bis es besser geworden

ist. Sie muss auch sehr gut überlegen, was sie sagen soll. Nachdenken ist anstrengend. Und Lügen ist noch anstrengender. Es tut auch ein bisschen weh.

«Ich freu mich ja so», sagt sie.

«Oh, mein Schätzchen», sagt Mama und nimmt Millie fest in die Arme.

Da tut die Lüge noch mehr weh.

Aber was kann Millie denn machen?

«Und wie soll das neue Kind denn heißen?», fragt Papa und nimmt die Ballettkleidpuppe in die Hand.

«Fräulein Fitzelmitzel?», fragt Mama.

Millie schüttelt den Kopf.

«Prinzessin Honigmund?»

«Nein», kann Millie schließlich sagen. «Sabine soll sie heißen.»

Mama trocknet Millie die Tränen und lässt sie in ihr Taschentuch prusten.

Nun ist alles gut.

Was sind denn das noch für Pakete unter dem Tisch? Ach, ein Päckchen von Tante Nora und ein Paket von Oma und Opa Heinemann.

Überraschung.

Was da alles drin ist! Millie hat sich die Sachen nicht gewünscht und muss sich erst an die Geschenke gewöhnen. Das geht ganz schnell. Sie kann alles gut brauchen. Den Hosenanzug für Willie, das Dornröschenpuzzle und das Mäusebuch. Und jetzt wird gespielt.

Trudel lässt den Brummkreisel brummen.

Millie trägt die Mickymausuhr am Handgelenk. Das sieht **toll** aus.

Sie hockt auf dem Boden neben ihrem **bunten Teller** und baut aus den Legosteinen ein Schloss. Und an den Füßen hat sie die neuen grünen Turnschuhe. Sie passen ganz genau. Es gibt vorne gerade noch genug Platz, damit Millie mit den Zehen wackeln kann. Die Sachen vom bunten Teller schmecken gut. Millie isst zwei Zimtsterne, eine Kokosmakrone, zwei Spe-ku-la-ti-us und einen Nikolaus aus Schokolade. Den muss sie erst einmal ausziehen. Das Silberpapier knüllt sie zu einer winzig kleinen Kugel zusammen.

Dann isst Millie noch vier Schokokringel mit vielen kleinen bunten Streuseln und einen goldenen Glitzerstern. Der ist so schön gewesen, dass Millie ihn fast nicht auspacken wollte. Hat sie dann aber doch getan.

Am Heiligabend darf man so viel Süßigkeiten essen, **wie man will.**

Papa liest aus Millies neuem Buch vor. Eine Weihnachtsgeschichte im Mäuseland. Die Mäuse feiern genauso Weihnachten wie Millie.

Papa Maus brät einen Truthahn, und Mama Maus kocht Plumpspudding. Und das wird es auch morgen bei Millie zu essen geben. Wenn dann überhaupt noch was in Millies Bauch reinpasst.

Papa muss lesen, bis seine Stimme heiser ist. Dann gehen die ersten Kerzen aus, weil sie runtergebrannt sind.

Im Zimmer wird es dunkler und dunkler, und Mama muss neue Kerzen in die Halter stecken, damit der Tannenbaum wieder richtig schön aussieht.

Warum gibt es am Heiligabend überhaupt Abendbrot? Millie hat kein bisschen Platz mehr im Bauch. Nicht heute, nicht morgen, nicht übermorgen.

Millie muss zum Glück kein Abendbrot mehr essen. Sie darf spielen und spielen und spielen. Bis sie fast auf der Stelle einschläft.

Walter Kempowski

Schlittschuhlaufen

Die Wiesentümpel waren zugefroren, das sprach sich schnell herum. Sigmund nahm die Schlittschuh über die Schulter, seine Mutter setzte ihm die Mütze zurecht, dann lief er hinaus zu den Dallwitzhofer Wiesen, wo schon reger Betrieb war.

Sigmund hätte gern auf die Mütze verzichtet, er wollte immer schon Ohrenschützer haben, wie ihn Skiläufer trugen, aber die Mutter wußte nicht, was er damit meinte: Ohrenschützer.

Die Schlittschuh saßen nicht richtig, die Halter faßten nicht, sie waren ausgeleiert. Und dann: im Mantel Schlittschuh laufen? Die andern trugen Überfallhosen und Trainingsjacken und Handschuhe aus Segeltuch!

Sigmund suchte sich einen stillen Winkel und fuhr dort seine Kreise. Das Eis war schwarz, man sah Luftblasen und zur Seite gebogene Gräser. Sigmund setzte weiße Spuren über das dunkle Eis: Am Rande des Tümpels staken Besen im Eis, damit man nicht darüber hinausläuft und einsinkt. Das hatte die Stadtverwaltung besorgt. Von seinem stillen Winkel aus sah Sigmund die Eislaufkönner «rückwärts übersetzen», größere Jungen, die weite Bogen beschrieben und nach Mädchen Ausschau hielten, rückwärts übersetzten und dann auch vorwärts. Einer dieser Eislaufkönner knallte auf Sigmund drauf, daß ihm die Luft wegblieb. Er hob ihn in die Höhe und stellte ihn wieder aufs Eis, klopfte ihm den Eisstaub ab und hielt ihn einen Augenblick. «Geht's?» fragte er. Es tat ihm leid, daß er den kleinen Jungen umgestoßen hatte. – Aber dann mußte er weiterlaufen, rückwärts und vorwärts übersetzen, und bald wurde es ja auch schon dunkel.

Paul Auster

Auggie Wrens
Weihnachtsgeschichte

December, 24th

Ich habe diese Geschichte von Auggie Wren gehört. Da Auggie darin keine allzu gute Figur macht, jedenfalls keine so gute, wie er es gerne hätte, hat er mich gebeten, seinen richtigen Namen zu verschweigen. Im Übrigen aber entspricht die ganze Sache mit der verlorenen Brieftasche und der blinden Frau und dem Weihnachtsessen genau dem, was er mir erzählt hat.

Auggie und ich kennen uns jetzt seit fast elf Jahren. Er arbeitet als Verkäufer in einem Zigarrengeschäft an der Court Street in Brooklyn, und da dies der einzige Laden ist, der die kleinen holländischen Zigarren führt, die ich so gerne rauche, komme ich ziemlich oft dort vorbei. Lange Zeit habe ich kaum einen Gedanken an Auggie Wren verschwendet. Für mich war er nur der seltsame kleine Mann im blauen Sweatshirt mit Kapuze, der mir Zigarren und Zeitschriften verkaufte, der schelmische, witzelnde Typ, der immer etwas Komisches über das Wetter, die Mets oder die Politiker in Washington zu sagen hatte, und das war auch schon alles.

Aber dann blätterte er vor einigen Jahren eines Tages in seinem Laden eine Zeitschrift durch und stieß dabei zufällig auf eine Rezension eines meiner Bücher. Dass ich es war, sagte ihm ein Foto neben der Rezension, und danach änderten sich die Dinge zwischen uns. Ich war für Auggie nicht mehr nur ein Kunde unter anderen, ich war zu einem Mann von Rang geworden. Die meisten Leute hatten keinerlei Interesse an Büchern und Schriftstellern, aber wie sich herausstellte, hielt Auggie sich selbst für einen Künstler. Nachdem er das Rätsel um meine Person geknackt hatte, begrüßte er mich wie einen Verbündeten, einen Vertrauten, einen Kampfgenossen. Mir war das, ehrlich gesagt, ziemlich peinlich. Und dann kam fast unvermeidlich der Augenblick, da er mich fragte, ob ich bereit sei, mir seine Fotografien anzusehen. In Anbetracht seiner Begeisterung und seines guten Willens brachte ich es einfach nicht übers Herz, nein zu sagen.

Weiß Gott, was ich erwartet habe. Auf alle Fälle nicht das, was Auggie mir dann am nächsten Tag gezeigt hat. In einem kleinen fensterlosen Hinterzimmer des Ladens öffnete er eine Pappschachtel und zog zwölf völlig gleich aussehende schwarze Fotoalben daraus hervor. Dies sei sein Lebenswerk, sagte er, und er brauche nicht mehr als fünf Minuten am Tag dafür. In den letzten zwölf Jahren habe er jeden Morgen um Punkt 7 Uhr an der Ecke Atlantic Avenue und Clinton Street gestanden und jeweils aus genau demselben Blickwinkel ein Farbfoto aufgenommen. Das Projekt umfasste inzwischen über viertausend Fotografien. Jedes Album repräsentierte ein anderes Jahr, und sämtliche Bilder waren der Reihe nach eingeklebt, vom 1. Januar bis zum 31. Dezember, und unter jedes einzelne war sorgfältig das Datum eingetragen.

Als ich in den Alben herumblätterte und Auggies Werk zu studieren begann, wusste ich gar nicht, was ich denken sollte. Anfangs hatte ich den Eindruck, dies sei das Seltsamste, das Verblüffendste, was ich je gesehen hatte. Die Bilder glichen sich aufs Haar. Das ganze Projekt war ein betäubender Angriff von Wiederholungen, wieder und wieder dieselbe Straße und dieselben Gebäude, ein anhaltendes Delirium redundanter Bilder. Da mir nichts dazu einfiel, schlug ich erst einmal weiter die Seiten um und nickte voll geheuchelter Anerkennung. Auggie schien ungerührt, er sah mir mit breitem Lächeln zu, aber nachdem ich ein paar Minuten so herumgeblättert hatte, unterbrach er mich plötzlich und sagte: «Sie sind zu schnell. Wenn Sie nicht langsamer machen, werden Sie nie dahinter kommen.»

Er hatte natürlich Recht. Wer sich keine Zeit zum Hinsehen nimmt, wird niemals etwas sehen. Ich nahm ein anderes Album und zwang mich, bedächtiger vorzugehen. Ich achtete genauer auf Einzelheiten, bemerkte den Wechsel des Wetters, registrierte die mit dem Fortschreiten der Jahreszeiten sich ändernden Einfallswinkel des Lichts. Schließlich vermochte ich subtile Unterschiede im Verkehrsfluss zu erkennen, den Rhythmus der einzelnen Tage vorauszuahnen (das Gewühl an Werktagen, die relative Ruhe der Wochenenden, den Kontrast zwischen Samstagen und Sonntagen). Und dann begann ich ganz allmählich die Gesichter der Leute im Hintergrund zu erkennen, die Passanten auf dem Weg zur Arbeit, jeden Morgen dieselben Leute an derselben Stelle, wie sie einen Augenblick ihres Lebens im Blickfeld von Auggies Kamera verbrachten.

Sobald ich sie wieder erkannte, begann ich zu erforschen, wie ihre Haltungen von einem Morgen zum anderen wechselten; ich versuchte aus diesen oberflächlichen Anzeichen auf ihre Stimmungen zu schließen, als ob ich mir Geschichten für sie ausdenken könnte, als ob ich in die unsichtbaren, in ihren Körpern eingeschlossenen Dramen eindringen könnte. Ich nahm mir ein anderes Album vor. Jetzt war ich nicht mehr gelangweilt, nicht mehr verwirrt wie am Anfang. Auggie fotografierte die Zeit, wurde mir klar, sowohl die natürliche Zeit als auch die menschliche Zeit, und dies bewerkstelligte er, indem er sich in einem winzigen Winkel der Welt postierte und ihn in Besitz nahm, einfach indem er an der Stelle, die er sich erwählt hatte, Wache hielt. Auggie sah mir zu, wie ich mich in sein Werk vertiefte, und lächelte vergnügt in sich hinein. Und dann zitierte er, schier als hätte er meine Gedanken gelesen, eine Zeile aus Shakespeare. «Morgen, morgen und dann wieder morgen», murmelte er leise, «kriecht so mit kleinem Schritt die Zeit von Tag zu Tag.» Und da begriff ich, dass er ganz genau wusste, was er da tat.

Das war vor mehr als zweitausend Bildern. Seit jenem Tag haben Auggie und ich oft über sein Werk diskutiert, aber erst letzte Woche habe ich erfahren, wie er überhaupt an seine Kamera gekommen ist und mit dem Fotografieren angefangen hat. Darum ging es in der Geschichte, die er mir erzählte, und ich versuche mir noch immer einen Reim darauf zu machen.

Etwas früher in derselben Woche rief mich jemand von der «New York Times» an und fragte, ob ich bereit sei, für die Weihnachtsausgabe dieser Zeitung eine Short Story zu schreiben. Spontan sagte ich nein, aber der Mann war sehr charmant und hartnäckig, und am Ende des Gesprächs sagte ich ihm zu, dass ich es versuchen würde. Kaum hatte ich jedoch den Hörer aufgelegt, geriet ich in helle Panik. Was wusste ich schon von Weihnachten?, fragte ich mich. Was wusste ich von auf Bestellung geschriebenen Kurzgeschichten?

Die nächsten Tage verbrachte ich in Verzweiflung, rang mit den Geistern von Dickens, O'Henry und anderen Meistern der weihnachtlichen Stimmung. Schon der Ausdruck «Weihnachtsgeschichte» war für mich mit unangenehmen Assoziationen verknüpft, ich konnte dabei nur an grässliche Ergüsse von heuchlerischem Schmalz und süßlichem Kitsch denken. Selbst die besten Weihnachtsgeschichten waren nicht mehr als Wunscherfüllungsträume, Märchen für Erwachsene, und ich wollte mich hängen lassen, wenn ich mir jemals erlaubte, etwas Derartiges zu Papier zu bringen. Und doch, wie konnte sich irgendwer vornehmen, eine unsentimentale Weihnachtsgeschichte zu schreiben? Das war doch ein Widerspruch in sich, ein Ding der Unmöglichkeit, ein unlösbares Rätsel. Ebenso gut konnte man sich ein Rennpferd ohne Beine vorstellen oder einen Spatz ohne Flügel.

Ich kam nicht weiter. Am Donnerstag machte ich einen langen Spaziergang, ich hoffte, an der frischen Luft einen klaren Kopf zu bekommen. Kurz nach Mittag trat ich in das Zigarrengeschäft, um meinen Vorrat wieder aufzufüllen, und Auggie stand wie immer hinter dem Ladentisch. Er erkundigte sich nach meinem Befinden. Ohne es eigentlich zu wollen, schüttete ich ihm plötzlich mein Herz aus.

«Eine Weihnachtsgeschichte?», fragte er, nachdem ich fertig war. «Ist das alles? Wenn Sie mir ein Essen spendieren, mein Freund, erzähle ich Ihnen die beste Weihnachtsgeschichte, die Sie je gehört haben. Und ich garantiere, dass jedes Wort davon die reine Wahrheit ist.»

Wir gingen den Block runter zu Jack's, einem engen und lärmenden Imbiss, wo es gute Pastrami-Sandwiches gab und alte Mannschaftsfotos von den Dodgers an den Wänden. Wir fanden hinten einen freien Tisch, bestellten unser Essen, und Auggie begann seine Geschichte.

«Es war im Sommer '72», sagte er. «Eines Morgens kam ein junger Bursche in den Laden und fing an zu stehlen. Er wird neunzehn oder zwanzig gewesen sein, und ich habe wohl in meinem ganzen Leben noch keinen so erbärmlichen Ladendieb gesehen. Er stand vor dem Taschenbuchregal an der hinteren Wand und stopfte sich Bücher in die Taschen seines Regenmantels. Da gerade mehrere Leute an der Kasse standen, konnte ich ihn zunächst gar nicht sehen. Aber sobald ich merkte, was er da trieb, fing ich an zu schreien. Er nahm Reißaus wie ein Karnickel, und als ich endlich hinterm Ladentisch hervorkonnte, stürmte er bereits die Atlantic Avenue hinunter. Ich habe ihn etwa einen halben Block weit verfolgt und es dann aufgegeben. Ich hatte keine Lust mehr, ihm nachzurennen, und da er unterwegs etwas hatte fallen lassen, bückte ich mich danach.

Es war seine Brieftasche. Geld war keins drin, dafür aber sein Führerschein und drei oder vier Schnappschüsse. Ich nehme an, ich hätte die Polizei holen und ihn verhaften lassen können. Sein Name und seine Adresse standen auf dem Führerschein, aber irgendwie tat er mir Leid. Er war doch bloß ein mickriger kleiner Anfänger, und als ich mir die Bilder in seiner Brieftasche ansah, konnte ich einfach keine Wut auf ihn empfinden. Robert Goodwin. So hieß er. Auf einem der Bilder, erinnere ich mich noch, hatte er seine Mutter oder Großmutter im Arm. Auf einem anderen war er als Neun- oder Zehnjähriger zu sehen, er saß da in einem Baseballdress und grinste breit vor sich hin. Ich habe es einfach nicht übers Herz gebracht. Jetzt war er vermutlich drogensüchtig, dachte ich mir. Ein armer, chancenloser Junge aus Brooklyn, und wen kümmerten schon ein paar läppische Taschenbücher?

Die Brieftasche habe ich jedenfalls behalten. Ab und zu hatte ich ein leises Bedürfnis, sie ihm zurückzuschicken, aber das habe ich immer wieder aufgeschoben und nie etwas unternommen. Dann wird es Weihnachten, und ich sitze rum und habe nichts zu tun. Normalerweise lädt mich der Chef an diesem Tag zu sich nach Hause ein, aber in dem Jahr war er mit seiner Familie zu Besuch bei Verwandten in Florida. Da sitze ich also an diesem Morgen in meiner Wohnung und bemitleide mich ein bisschen, und plötzlich sehe ich Robert Goodwins Brieftasche auf einem Regal in der Küche liegen. Ich denke, was zum Teufel, warum nicht ausnahmsweise mal was Nettes tun, ziehe meinen Mantel an und mache mich auf den Weg, die Brieftasche persönlich zurückzugeben.

Die Adresse war in Boerum Hill, in irgendeiner der Siedlungen da. Es fror an diesem Tag, und ich weiß noch, dass ich mich auf der Suche nach dem richtigen Gebäude ein paar Mal verlaufen habe. In dieser Gegend sieht alles gleich aus, man läuft immer durch dieselbe Straße und denkt, man wäre ganz woanders. Jedenfalls komme ich endlich zu der Wohnung, die ich suche, und drücke auf die Klingel. Tut sich nichts. Ich nehme an, es ist niemand zu Hause, versuche es aber zur Sicherheit noch einmal. Ich warte ein bisschen länger, und gerade als ich es aufgeben will, höre ich wen zur Tür schlurfen. Eine alte Frauenstimme fragt, wer da ist, und ich sage, ich möchte zu Robert Goodwin. ‹Bist du das, Robert?›, fragt die alte Frau, und dann schließt sie ungefähr fünfzehn Schlösser auf und öffnet die Tür.

Sie muss mindestens achtzig Jahre alt sein, vielleicht sogar neunzig, und als Erstes fällt mir an ihr auf, dass sie blind ist. ‹Robert›, sagt sie. ‹Ich wusste, du würdest deine Oma Ethel zu Weihnachten nicht vergessen.› Und dann breitet sie die Arme aus, als ob sie mich an sich drücken will.

Sie verstehen, ich hatte nicht viel Zeit zum Denken. Ich musste ganz schnell etwas sagen, und ehe ich wusste, wie mir geschah, hörte ich die Worte aus meinem Mund kommen. ‹Ja, Oma Ethel›, sage ich. ‹Ich bin zurückgekommen, um dich an Weihnachten zu besuchen.› Fragen Sie mich nicht, warum ich das getan habe. Ich habe keine Ahnung. Vielleicht wollte ich sie nicht enttäuschen oder so, was weiß ich. Es ist mir einfach so rausgerutscht, und plötzlich hat diese alte Frau mich vor ihrer Tür in die Arme genommen, und ich habe sie an mich gedrückt.

Dass ich ihr Enkel sei, habe ich nicht direkt gesagt. Jedenfalls nicht mit diesen Worten, aber sie hat es so aufgefasst. Ich wollte sie bestimmt nicht reinlegen. Das war wie ein Spiel, für das wir uns beide entschieden hatten – ohne erst über die Regeln zu diskutieren. Ich meine, diese Frau hat gewusst, dass ich nicht ihr Enkel Robert war. Sie war alt und klapprig, aber sie war nicht so weit weggetreten, dass sie den Unterschied zwischen einem Fremden und ihrem eigen Fleisch und Blut nicht gemerkt hätte. Aber es hat sie glücklich gemacht, so zu tun, als ob, und da ich sowieso nichts Besseres zu tun hatte, habe ich gerne mitgespielt.

Wir sind dann also rein und haben den Tag zusammen verbracht. Die Wohnung war ein richtiges Dreckloch, sollte ich vielleicht sagen, aber was kann man sonst auch von einer blinden Frau erwarten, die ihren Haushalt ganz alleine macht? Immer wenn sie mich gefragt hat, wie es mir geht, hab ich gelogen und ihr erzählt, ich hätte einen guten Job in einem Zigarrenladen gefunden, ich würde demnächst heiraten und hundert andere nette Geschichten, und sie hat so getan, als ob sie mir jedes Wort glauben würde. ‹Wie schön, Robert›, hat sie gesagt und lächelnd genickt. ‹Ich habe ja immer gewusst, dass du es zu etwas bringen würdest.›

Nach einer Weile bekam ich ordentlich Hunger. Da nicht viel Essen im Haus zu sein schien, bin ich zu einem Laden in der Nähe gegangen und habe einen Haufen Zeug gekauft. Ein gekochtes Huhn, Gemüsesuppe, ein Eimerchen Kartoffelsalat, Schokoladenkuchen, alles Mögliche. Ethel hatte im Schlafzimmer ein paar Flaschen Wein versteckt, und so konnten wir ein ganz ordentliches Weihnachtsessen auf die Beine stellen. Der Wein hat uns ein bisschen angeheitert, das weiß ich noch, und nach dem Essen haben wir uns ins Wohnzimmer gesetzt, weil die Sessel da bequemer waren. Ich musste mal pinkeln, also entschuldigte ich mich und ging durch den Flur zum Badezimmer. Und da nahmen die Dinge plötzlich eine andere Wendung. Meine kleine Nummer als Ethels Enkel war ja schon reichlich absurd, aber was ich dann als Nächstes tat, war absolut verrückt, und ich habe mir das nie verziehen.

Ich komme also ins Bad, und an der Wand gleich neben der Dusche sehe ich sechs oder sieben Kameras aufgestapelt. Nagelneue 35-Millimeter-Kameras, noch in der Verpackung, allerbeste Ware. Ich denke, das ist das Werk des echten Robert, ein Lagerplatz für seine letzte Beute. Ich habe noch nie in meinem Leben ein Foto gemacht, und gestohlen habe ich auch noch nie etwas, aber kaum sehe ich diese Kameras im Badezimmer, beschließe ich, dass eine davon mir gehören soll. Einfach so. Und ohne eine Sekunde nachzudenken, klemme ich mir eine Schachtel unter den Arm und gehe ins Wohnzimmer zurück.

Ich kann höchstens drei oder vier Minuten weg gewesen sein, aber in dieser Zeit war Oma Ethel in ihrem Sessel eingeschlafen. Zu viel Chianti, nehme ich an. Ich habe dann in der Küche den Abwasch gemacht, und sie hat bei dem ganzen Lärm weitergeschlafen und geschnarcht wie ein Baby. Sie zu stören schien mir vollkommen überflüssig, also beschloss ich zu gehen. Ich konnte ihr noch nicht einmal einen Brief zum Abschied schreiben, schließlich war sie ja blind, und so bin ich einfach gegangen. Die Brieftasche ihres Enkels ließ ich auf dem Tisch liegen, dann nahm ich die Kamera und ging aus der Wohnung. Und damit ist die Geschichte aus.»

«Haben Sie die Frau nochmal besucht?», fragte ich.

«Einmal», sagte er. «Etwa drei oder vier Monate danach. Ich hatte ein so schlechtes Gewissen wegen der Kamera, dass ich sie noch gar nicht benutzt hatte. Am Ende beschloss ich, sie ihr zurückzugeben, aber Ethel war nicht mehr da. Ich weiß nicht, was aus ihr geworden ist, aber es war jemand anders in die Wohnung eingezogen, und der konnte mir nicht sagen, wo sie steckte.»

«Wahrscheinlich ist sie gestorben.»

«Tja, wahrscheinlich.»

«Das heißt, sie hat ihr letztes Weihnachtsfest mit Ihnen verbracht.»

«Anzunehmen. So habe ich das noch nie gesehen.»

«Es war eine gute Tat, Auggie. Das war nett von Ihnen, ihr die Freude zu machen.»

«Ich habe sie angelogen, und dann habe ich sie bestohlen. Ich verstehe nicht, wie Sie das eine gute Tat nennen können.»

«Sie haben sie glücklich gemacht. Und die Kamera war sowieso gestohlen. Sie haben sie jedenfalls nicht demjenigen weggenommen, dem sie wirklich gehört hat.»

«Alles für die Kunst, Paul, wie?»

«So würde ich das nicht ausdrücken. Aber zumindest haben Sie die Kamera für einen guten Zweck verwendet.»

«Und Sie haben jetzt Ihre Weihnachtsgeschichte, stimmt's?»

«Ja», sagte ich. «Ich glaube schon.»

Ich unterbrach mich kurz und sah, dass Auggies Lippen sich zu einem boshaften Lächeln verzogen. Ich konnte nicht sicher sein, aber sein Blick war in diesem Moment so rätselhaft, leuchtete so hell von irgendeinem innerlichen Vergnügen, dass mir plötzlich der Gedanke kam, er könnte die ganze Geschichte erfunden haben. Ich wollte ihn schon fragen, ob er mich auf den Arm genommen habe, erkannte dann aber, dass er mir das nie verraten würde. Er hatte mich dazu gebracht, ihm zu glauben, und das war das Einzige, was zählte. Solange auch nur ein Mensch daran glaubt, gibt es keine Geschichte, die nicht wahr sein kann.

«Sie sind ein Ass, Auggie», sagte ich. «Danke, dass Sie mir geholfen haben.»

«Gern geschehen», antwortete er und sah mich noch immer mit diesem irren Leuchten in den Augen an. «Was für Freunde sind das denn, wenn man seine Geheimnisse nicht mit ihnen teilen kann?»

«Dann stehe ich jetzt in Ihrer Schuld.»

«Aber nein. Schreiben Sie es einfach so auf, wie ich es Ihnen erzählt habe, und damit sind wir quitt.»

«Bis auf das Essen.»

«Stimmt. Bis auf das Essen.»

Ich erwiderte Auggies Lächeln, rief dann nach dem Kellner und bat um die Rechnung.

Hans Fallada

Lüttenweihnachten

Tüchtig neblig heute», sagte am 20. Dezember der Bauer Gierke ziellos über den Frühstückstisch hin. Es war eigentlich eine ziemlich sinnlose Bemerkung, jeder wusste auch so, dass Nebel war, denn der Leuchtturm von Arkona heulte schon die ganze Nacht mit seinem Nebelhorn wie ein Gespenst, das das Ängsten kriegt.

Wenn der Vater die Bemerkung trotzdem machte, so konnte sie nur eines bedeuten. «Neblig ...?», fragte gedehnt sein dreizehnjähriger Sohn Friedrich.

«Verlauf dich bloß nicht auf deinem Schulweg», sagte Gierke und lachte.

Und nun wusste Friedrich genug, und auf seinem Zimmer steckte er schnell die Schulbücher aus dem Ranzen in die Kommode, lief in den Stellmacherschuppen und ‹borgte› sich eine kleine Axt und eine Handsäge. Dabei überlegte er: Den Franz von Gäbels nehm ich nicht mit, der kriegt Angst vor dem Rotvoß. Aber Schöns Alwert und die Frieda Benthin. Also los!

Wenn es für die Menschen Weihnachten gibt, so muss es das Fest auch für die Tiere geben. Wenn für uns ein Baum brennt, warum nicht für Pferd und Kühe, die doch das ganze Jahr unsere Gefährten sind? In Baumgarten jedenfalls feiern die Kinder vor dem Weihnachtsfest Lüttenweihnachten für die Tiere, und dass es ein verbotenes Fest ist, von dem der Lehrer Beckmann nicht wissen darf, erhöht seinen Reiz. Nun hat der Lehrer Beckmann nicht nur körperlich einen Buckel, sondern er kann auch sehr bösartig werden, wenn seine Schüler etwas tun, was sie nicht sollen. Darum ist Vaters Wink mit dem nebligen Tag eine Sicherheit, dass das Schulschwänzen heute jedenfalls von ihm nicht allzu tragisch genommen wird.

Schule aber muss geschwänzt werden, denn wo bekommt man einen Weihnachtsbaum her? Den muss man aus dem Staatsforst an der See oben stehlen, das gehört zu Lüttenweihnachten. Und weil man beim Stehlen erwischt werden kann und weil der Förster Rotvoß ein schlimmer Mann ist, darum muss der Tag neblig sein, sonst ist es zu gefährlich. Wie Rotvoß wirklich heißt, das wissen die Kinder nicht, aber er ist der Förster und hat einen fuchsroten Vollbart, darum heißt er Rotvoß.

Von ihm reden sie, als sie alle drei etwas aufgeregt über die Feldraine der See entgegenlaufen. Schöns Alwert weiß von einem Knecht, den hat Rotvoß an einen Baum gebunden und so lange mit der gestohlenen Fichte geschlagen, bis keine Nadeln mehr daran saßen. Und Frieda weiß bestimmt, dass er zwei Mädchen einen ganzen Tag lang im Holzschauer eingesperrt hat, erst als Heiligabend vorbei war, ließ er sie wieder laufen.

Sicher ist, sie gehen zu einem großen Abenteuer, und dass der Nebel so dick ist, dass man keine drei Meter weit sehen kann, macht alles noch viel geheimnisvoller. Zuerst ist es ja sehr einfach: Die Raine auf der Baumgartener Feldmark kennen sie: Das ist Rothspracks Winterweizen, und dies ist die Lehmkuhle, aus der Müller Timm sein Vieh sommers tränkt.

Aber sie laufen weiter, immer weiter, sieben Kilometer sind es gut bis an die See, und nun fragt es sich, ob sie sich auch nicht verlaufen im Nebel. Da ist nun dieser Leuchtturm von Arkona, er heult mit seiner Sirene, dass es ein Grausen ist, aber es ist so seltsam, genau kriegt man nicht weg, von wo er heult. Manchmal bleiben sie stehen und lauschen. Sie beraten lange, und wie sie weitergehen, fassen sie sich an den Händen, die Frieda in der Mitte. Das Land ist so seltsam still, wenn sie dicht an einer Weide vorbeikommen, verliert sie sich nach oben ganz in Rauch. Es tropft sachte von ihren Ästen, tausend Tropfen sitzen überall, nein, die See kann man noch nicht hören. Vielleicht ist sie ganz glatt, man weiß es nicht, heute ist Windstille.

Plötzlich bellt ein Hund in der Nähe, sie stehen still, und als sie dann zehn Schritte weitergehen, stoßen sie an eine Scheunenwand. Wo sie hingeraten sind, machen sie aus, als sie um eine Ecke spähen. Das ist Nagels Hof, sie erkennen ihn an den bunten Glaskugeln im Garten.

Sie sind zu weit rechts, sie laufen direkt auf den Leuchtturm zu, und dahin dürfen sie nicht, da ist kein Wald, da ist nur die steile, kahle Kreideküste. Sie stehen noch eine Weile vor dem Haus, auf dem Hof klappert einer mit Eimern, und ein Knecht pfeift im Stall: Es ist so heimlich! Kein Mensch kann sie sehen, das große Haus vor ihnen ist ja nur wie ein Schattenriss.

Sie laufen weiter, immer nach links, denn nun müssen sie auch vermeiden, zum alten Schulhaus zu kommen – das wäre so schlimm! Das alte Schulhaus ist gar kein Schulhaus mehr, was soll hier in der Gegend ein Schulhaus, wo keine

Menschen leben – nur die paar weit verstreuten Höfe ...
Das Schulhaus besteht nur aus runtergebrannten Grund-
mauern, längst verwachsen, verfallen, aber im Sommer
blüht hier herrlicher Flieder. Nur, dass ihn keiner pflückt.
Denn dies ist ein böser Platz, der letzte Schullehrer hat das
Haus abgebrannt und sich aufgehängt. Friedrich Gierke
will es nicht wahrhaben, sein Vater hat gesagt, das ist
Quatsch, ein Altenteilhaus ist es mal gewesen. Und es ist
gar nicht abgebrannt, sondern es hat leer gestanden, bis es
verfiel. Darüber geraten die Kinder in großen Streit.

Ja, und das nächste, dem sie nun begegnen, ist gerade
dies alte Haus. Mitten in ihrer Streiterei laufen sie gerade
darauf zu! Ein Wunder ist es in diesem Nebel. Die Jungens
können's nicht lassen, drinnen ein bisschen zu stöbern,
sie suchen etwas Verbranntes. Frieda steht abseits auf dem
Feldrain und lockt mit ihrer hellen Stimme. Ganz nah, wie
schräg über ihnen, heult der Turm, es ist schlimm anzu-
hören. Es setzt so langsam ein und schwillt und schwillt,
und man denkt, der Ton kann gar nicht mehr voller
werden, aber er nimmt immer mehr zu, bis das Herz sich
ängstigt und der Atem nicht mehr will: «Man darf nicht
so hinhören ...»

Jetzt sind es höchstens noch zwanzig Minuten bis zum
Wald. Alwert weiß sogar, was sie hier finden: erst einen
Streifen hoher Kiefern, dann Fichten, große und kleine,
eine ganze Wildnis, gerade was sie brauchen, und dann
kommen die Dünen und dann die See. Ja, nun beraten sie,
während sie über einen Sturzacker wandern: erst der
Baum oder erst die See? Klüger ist es, erst an die See, denn
wenn sie mit dem Baum länger umherlaufen, kann sie Rotvoß doch erwischen, trotz des Nebels. Sind sie ohne
Baum, kann er ihnen nichts sagen, obwohl er zu fragen

fertig bringt, was Friedrich in seinem Ranzen hat. Also erst See, dann Baum.

Plötzlich sind sie im Wald. Erst dachten sie, es sei nur ein Grasstreifen hinter dem Sturzacker, und dann waren sie schon zwischen den Bäumen, und die standen enger und enger. Richtung? Ja, nun hört man *doch* das Meer, es donnert nicht gerade, aber gestern ist Wind gewesen, es wird starke Dünung sein, auf die sie zulaufen.

Und nun seht, das ist nun doch der richtige Baum, eine Fichte, eben gewachsen, unten breit, ein Ast wie der andere, jedes Ende gesund – und oben so schlank, eine Spitze so hell, in diesem Jahre getrieben. Kein Gedanke, diesen Baum stehen zu lassen, so einen finden sie nie wieder. Ach, sie sägen ihn ruchlos ab, sie bekommen ein schönes Lüttenweihnachten, das herrlichste im Dorf, und Posten stellen sie auch nicht aus. Warum soll Rotvoß grade hierher kommen? Der Waldstreifen ist über zwanzig Kilometer lang. Sie binden die Äste schön an den Stamm, und dann essen sie ihr Brot, und dann laden sie den Baum auf, und dann laufen sie weiter zum Meer.

Zum Meer muss man doch, wenn man ein Küstenmensch ist, selbst mit solchem Baum. Anderes Meer haben sie näher am Hof, aber das sind nur Bodden und Wicks. Dies hier ist richtiges Außenmeer, hier kommen die Wellen von weit, weit her, von Finnland oder von Schweden oder auch von Dänemark. Richtige Wellen . . .

Also, sie laufen aus dem Wald über die Dünen.

Und nun stehen sie still.

Nein, das ist nicht mehr die Brandung allein, das ist ein seltsamer Laut, ein wehklagendes Schreien, ein endloses Flehen, tausendstimmig. Was ist es? Sie stehen und lauschen.

«Jung, Manning, das sind Gespenster!»

«Das sind die Ertrunkenen, die man nicht begraben hat.»

«Kommt, schnell nach Haus!»

Und darüber heult die Nebelsirene.

Seht, es sind kleine Menschentiere, Bauernkinder, voll von Spuk und Aberglauben, zu Haus wird noch besprochen, da wird gehext und blau gefärbt. Aber sie sind kleine Menschen, sie laden ihren Baum wieder auf und waten doch durch den Dünensand dem klagenden Geschrei entgegen, bis sie auf der letzten Höhe stehen, und …

Und was sie sehen, ist ein Stück Strand, ein Stück Meer. Hier über dem Wasser weht es ein wenig, der Nebel zieht in Fetzen, schließt sich, öffnet den Ausblick. Und sie sehen die Wellen, grüngrau, wie sie umstürzen, weiß schäumend draußen auf der äußersten Sandbank, näher tobend, brausend. Und sie sehen den Strand, mit Blöcken besät, und dazwischen lebt es, dazwischen schreit es, dazwischen watschelt es in Scharen …

«Die Wildgänse!», sagen die Kinder. «Die Wildgänse …!»

Sie haben nur davon gehört, sie haben es noch nie gesehen, aber nun sehen sie es. Das sind die Gänsescharen, die zum offenen Wasser ziehen, die hier an der Küste Station machen, eine Nacht oder drei, um dann weiterzuziehen, nach Polen oder wer weiß wohin, Vater weiß es auch nicht. Da sind sie, die großen, wilden Vögel, und sie schreien, und das Meer ist da und der Wind und der Nebel, und der Leuchtturm von Arkona heult, und die Kinder stehen da mit ihrem gemausten Tannenbaum und starren und lauschen und trinken es in sich ein …

Und plötzlich sehen sie noch etwas, und magisch verführt, gehen sie dem Wunder näher. Abseits, zwischen den hohen Steinblöcken, da steht ein Baum, eine Fichte wie die ihre, nur viel, viel höher, und sie ist besteckt mit Lichtern, und die Lichter flackern im leichten Windzug ...

«Lüttenweihnachten», flüstern die Kinder. «Lüttenweihnachten für die Wildgänse ...»

Immer näher kommen sie, leise gehen sie, auf den Zehen – oh, dieses Wunder! –, und um den Felsblock biegen sie. Da ist der Baum vor ihnen in all seiner Pracht, und neben ihm steht ein Mann, die Büchse über der Schulter, ein roter Vollbart ...

«Ihr Schweinekerls!», sagt der Förster, als er die drei mit der Fichte sieht.

Und dann schweigt er. Und auch die Kinder sagen nichts. Sie stehen und starren. Es sind kleine Bauerngesichter, sommersprossig, selbst jetzt im Winter, mit derben Nasen und einem festen Kinn, es sind Augen, die was in sich reinsehen. Immerhin, denkt der Förster, haben sie mich auch erwischt beim Lüttenweihnachten. Und der Pastor sagt, es sind Heidentücken. Aber was soll man denn machen, wenn die Gänse so schreien und der Nebel so dick ist und die Welt so eng und so weit und Weihnachten vor der Tür ... Was soll man da machen ...?

Man soll einen Vertrag machen auf ewiges Stillschweigen, und die Kinder wissen ja nun, dass der gefürchtete Rotvoß nicht so schlimm ist, wie sich die Leute erzählen ...

Ja, da stehen sie nun: ein Mann, zwei Jungen, ein Mädel. Die Kerzen flackern am Baum, und ab und zu geht auch eine aus. Die Gänse schreien, und das Meer braust und rauscht. Die Sirene heult. Da stehen sie, es ist eine Art Versöhnungsfest, sogar auf die Tiere erstreckt, es ist Lüttenweihnachten. Man kann es feiern, wo man will, am

Strand auch, und die Kinder werden es nachher in ihres Vaters Stall noch einmal feiern.

Und schließlich kann man hingehen und danach handeln. Die Kinder sind imstande und bringen es fertig, die Tiere nicht unnötig zu quälen und ein bisschen nett zu ihnen zu sein. Zuzutrauen ist ihnen das.

Das Ganze aber heißt Lüttenweihnachten und ist ein verbotenes Fest, der Lehrer Beckmann wird es ihnen morgen schon zeigen!

Charles Dickens

Weihnachtsgans und Plum-Pudding

D u trachtest danach, jeden siebenten Tag diese Orte
zu schließen», sagte Scrooge, «und das läuft auf eins
hinaus.»

«Ich trachte danach?», entfuhr es dem Geist.

«Vergib mir, wenn ich mich irre!», versetzte Scrooge.
«Es ist in deinem Namen geschehen oder wenigstens in
dem deiner Familie!»

«Es gibt Menschen auf eurer Erde», entgegnete der
Geist, «die behaupten, uns zu kennen. Sie tun alle ihre Taten der Leidenschaft, des Stolzes, der Bosheit, des Hasses,
des Neids, der Heuchelei und der Selbstsucht in unserem
Namen, sind aber uns und all unseren Verwandten so
fremd, als hätten sie nie gelebt. Denk daran und lege ihr
Tun ihnen selbst zur Last, nicht uns!»

Scrooge versprach es, und sie brachen unsichtbar wie
zuvor in die Vorstädte auf. Der Geist besaß, wie Scrooge
unter dem Torweg des Bäckers bemerkt hatte, die seltsame
Eigenschaft, dass er sich trotz seiner Riesengröße leicht jedem Raum anzupassen und sich unter einem niederen

Dach ebenso ungezwungen und seinem übernatürlichen Wesen gemäß zu bewegen vermochte, wie er es in einer luftigen Halle hätte tun können.

Vielleicht war es das Vergnügen, das der gute Geist darin fand, diese seine Macht zu zeigen, oder auch sein eigenes gütiges, hochherziges Wesen und seine Vorliebe für alle Armen, was ihn geradewegs zu Scrooges Schreiber führte – jedenfalls wandte er sich dorthin und nahm Scrooge mit sich, der sich an seinem Gewand festhielt. Auf der Schwelle blieb der Geist lächelnd stehen, um Bob Cratchits niedriges Haus durch Besprengung mit seiner Fackel zu segnen. Denkt euch, Bob hatte nur fünfzehn «Bob» (Schilling) wöchentlich; er steckte an den Samstagen nur fünfzehn seiner Namensvettern ein, und doch segnete der Geist der diesjährigen Weihnacht sein Vierzimmerhäuschen.

Da stand Mrs. Cratchit, Cratchits Weib, in einem ärmlichen, bereits zweimal gewendeten Kleid, aber mit billigen Bändern geputzt, die für sechs Pence recht stattlich wirkten, und deckte den Tisch zusammen mit Belinda Cratchit, ihrer zweiten Tochter, die sich ebenso mit Bändern geschmückt hatte, während Master Peter Cratchit eine Gabel in den Topf mit Kartoffeln steckte. Und als ihm dabei die Ecken seines ungeheuren Hemdkragens – persönliches Eigentum Bobs, heute aber dem Festtag zu Ehren seinem Sohn und Erben übertragen – in den Mund gerieten, frohlockte er, sich so fein ausgestattet zu wissen, und sehnte sich, sein Weißzeug in den eleganten Parks zu zeigen. Und nun stürmten zwei kleinere Cratchits, ein Knabe und ein Mädchen, tobend herein und riefen, dass sie draußen am Bäckerhaus eine gebratene Gans gerochen und sie als ihre eigene erkannt hätten; in genießerischen Gedanken an

Salbei und Zwiebeln schwelgend, tanzten diese jüngsten Cratchits um den Tisch und hoben Master Peter Cratchit in den Himmel, während er – gar nicht stolz, obwohl ihn sein Hemdkragen schier erwürgte – das Feuer anblies, bis die trägen Kartoffeln aufwallten und laut an den Topfdeckel pochten, um herausgelassen und geschält zu werden.

«Wo bleibt nur euer guter Vater?», fragte Mrs. Cratchit. «Und euer Bruder Tim! Auch Martha ist voriges Jahr eine halbe Stunde früher gekommen!»

«Hier ist Martha, Mutter!», rief ein Mädchen, die unter der Tür erschien.

«Hier ist Martha, Mutter!», riefen die beiden Kleinen. «Hurra, Martha! Es gibt eine *so* große Gans!»

«Gottlob, dass du da bist, liebes Kind! Wo steckst du denn so lange?», rief Mrs. Cratchit, küsste sie wohl ein Dutzend Mal und nahm ihr mit geschäftigem Eifer Halstuch und Hut ab.

«Wir hatten gestern noch bis spät in die Nacht zu arbeiten», versetzte das Mädchen, «und mussten heute früh aufräumen, Mutter!»

«Nun, Hauptsache, dass du da bist!», sagte Mrs. Cratchit. «Setz dich ans Feuer, Kind, und wärme dich!»

«Nein, nein! Der Vater kommt», schrien die beiden jungen Cratchits, die überall zu gleicher Zeit waren. «Martha, versteck dich! Versteck dich!»

Martha tat es, und herein trat der kleine Bob, der Vater, dem das Halstuch, die Fransen nicht eingerechnet, mindestens drei Fuß lang herabbaumelte und dessen abgetragener Anzug gestopft und gut gebürstet war, um festlich auszusehen. Auf seinen Schultern saß Tim. Der Ärmste trug eine kleine Krücke, und seine Glieder wurden durch ein Eisengestell gestützt.

«Wo steckt denn unsre Martha?», rief Bob Cratchit und sah sich um.

«Sie kommt nicht», sagte Mrs. Cratchit.

«Sie kommt nicht?», fragte Bob, und sein Frohsinn sank jäh, denn er war den ganzen Weg von der Kirche bis hierher Tims Rennpferd gewesen und keuchend daheim angelangt. «Kommt nicht am Weihnachtsabend?!»

Martha konnte ihn nicht enttäuscht sehen, nicht einmal im Scherz; darum kam sie vorzeitig hinter der Alkoventür hervor und stürzte in seine Arme, während die beiden jungen Cratchits Tim nahmen und in die Küche hinaustrugen, damit er den Pudding im Kessel brodeln höre.

«Und wie betrug sich Tim?», fragte Mrs. Cratchit, als sie Bob wegen seiner Leichtgläubigkeit ausgezankt und er seine Tochter nach Herzenslust umarmt hatte.

«Gut wie Gold und noch besser», versetzte Bob. «Vom vielen Alleinsein wird er wohl nachdenklich, und da grübelt er über den seltsamsten Dingen. So sagte er mir auf dem Heimweg, er hoffe, dass ihn die Leute in der Kirche gesehen haben, weil er ein Krüppel sei und ihnen das vielleicht helfe, am Christtag dessen zu gedenken, der lahme Bettler gehen und Blinde sehen macht.»

Bobs Stimme zitterte, als er ihnen das erzählte, und noch mehr, als er sagte, dass Tim an Kraft und Mut zunehme.

Auf dem Hausflur hörte man die geschäftige kleine Krücke, und ehe noch ein weiteres Wort gesprochen ward, kam Tim, geleitet von Bruder und Schwester, zurück zu seinem Stuhl neben dem Kamin; Bob schlug seine Rockärmel hoch – als ob sie überhaupt noch schäbiger werden könnten! –, braute in einem Krug aus Wacholderbranntwein und Zitronen ein heißes Getränk, rührte es emsig um und stellte es dann aufs Feuer, um es kochen zu lassen; Master Peter aber und die beiden allgegenwärtigen jungen Cratchits entfernten sich, um die Gans zu holen, mit der sie auch bald in feierlicher Prozession zurückkamen.

Darob entstand ein Freudenlärm, dass man hätte denken können, eine Gans sei der seltenste aller Vögel, ein gefiedertes Wunder, neben dem ein schwarzer Schwan etwas ganz Gewöhnliches sei – und in diesem Haus war sie wirklich einem Wunder ähnlich.

Mrs. Cratchit ließ die Soße, die schon zuvor in einer kleinen Pfanne fertig gewesen war, noch einmal aufkochen; Master Peter zerstampfte mit unglaublicher Kraft die Kartoffeln; Miss Belinda süßte das Apfelmus; Martha wischte die gewärmten Teller ab; Bob nahm Tim und setzte ihn neben sich an ein Eckchen des Tisches; die beiden jungen Cratchits aber rückten für jedermann Stühle zum Tisch, ohne sich selbst zu vergessen, zogen als Wachen auf ihre Posten und steckten die Löffel in den Mund, um nicht nach der Gans zu schreien, bevor die Reihe an sie kam.

Endlich waren alle Gerichte aufgetragen und das Tischgebet gesprochen. Ihm folgte eine atemlose Pause, als Mrs. Cratchit langsam am Tranchiermesser entlangsah und sich anschickte, es in die Brust des Tieres zu senken. Und als sie es tat und die lang ersehnte Fülle hervorquoll, erhob sich rings um den Tisch ein entzücktes Raunen, und selbst Tim schlug, von den zwei jüngeren Geschwistern angespornt, mit dem Heft seines Messers auf den Tisch und rief mit schwacher Stimme Hurra.

Eine solche Gans war noch nie da gewesen. Bob sagte, er glaube nicht, dass je ein solcher Vogel gebraten worden sei. Seine Zartheit, sein Wohlgeruch, seine Größe und seine Wohlfeilheit waren Gegenstand allgemeiner Bewunderung. Ergänzt durch Apfelmus und Kartoffeln, bildete die Gans eine hinreichende Mahlzeit für die ganze Familie, und als Mrs. Cratchit noch einen ganz kleinen Knochen auf der Schüssel liegen sah, bemerkte sie mit großer Freude, sie hätten nicht einmal alles aufgegessen. Aber jeder hatte genug gehabt, und insbesondere die jüngsten Cratchits waren bis zu den Augenbrauen in Salbei und Zwiebeln getaucht. Aber als jetzt Miss Belinda die Teller wechselte, verließ Mrs. Cratchit das Zimmer allein – ihre Aufregung vertrug keine Zeugen –, um den Pudding zu holen und hereinzubringen.

Angenommen, er wäre nur halb gar! Angenommen, irgendjemand wäre über die Mauer des Hinterhofes gestiegen und hätte ihn gestohlen, während sie sich an der Gans gütlich taten! Ein Gedanke, bei dem die zwei jungen Cratchits ganz blass wurden. Alle möglichen Schrecken malte man sich aus.

Hallo! Wie das dampfte! Der Pudding war aus dem Kessel genommen. Nun roch es wie an einem Waschtag – das war das Umschlagtuch. Aber dann roch es wie in einem Gasthaus, neben dem ein Kuchenbäcker wohnt und neben diesem wieder eine Wäscherin. Das war der Pudding. Eine halbe Minute später trat Mrs. Cratchit ein, errötend, aber stolz lächelnd, und brachte den Pudding, hart und fest wie eine scheckige Kanonenkugel, die in einem halben Achtel Rum lodert und von einem Stechpalmenzweig gekrönt ist.

Oh, ein herrlicher Pudding! Bob Cratchit sagte, und das mit aller Ruhe, er halte ihn für das gelungenste Werk, das Mrs. Cratchit in ihrer ganzen Ehe hervorgebracht habe. Mrs. Cratchit aber sagte, jetzt, da ihr der Stein vom Herzen gefallen sei, müsse sie gestehen, dass sie hinsichtlich der Menge des Mehls unsicher gewesen sei. Jedes wusste etwas darüber zu sagen, aber niemand sagte oder dachte, dass es schließlich doch ein kleiner Pudding für eine große Familie sei. Das wäre auch pure Ketzerei gewesen, und ein Cratchit hätte sich geschämt, so etwas anzudeuten.

Endlich war das Mahl vorüber, der Tisch abgedeckt, der Herd gefegt und das Feuer nachgeschürt. Als man das Gebräu im Krug versucht und als fertig befunden hatte, wurden Äpfel und Orangen auf den Tisch gesetzt und eine Schaufel voll Kastanien auf den Rost geschüttet; dann rückte die ganze Familie Cratchit um den Herd zusammen zu dem, was Bob Cratchit einen Zirkel nannte, obwohl es nur ein halber war; und neben Cratchits Ellbogen stand der ganze Familienvorrat an Glas: zwei Wassergläser und eine Rahmkanne ohne Henkel.

Diese fassten jedoch den heißen Inhalt des Kruges ebenso gut, wie es goldene Pokale getan hätten, und Bob schenkte ihn strahlenden Blickes aus, während die Kastanien über dem Feuer lustig knisterten und fauchten. Dann erhob Bob sein Glas: «Fröhliche Weihnachten uns allen, meine Lieben. Gott sei mit uns!»

Texte und Autoren

Sir Peter Ustinov, russisch-französisch-deutsch-italienisch-äthiopischer Abstammung, geboren 1921 in London, ist Dramatiker, Romancier, Schauspieler und Regisseur, seit 1968 UNICEF-Botschafter und Träger des Deutschen Kulturpreises 1994. Er lebt unter anderem in der Schweiz.

Joan Aiken *Ein Hund bellt sich vom Dach*
Geb. 1924 in Sussex
Tochter des amerikanischen Lyrikers Conrad Aiken. Als sie 16 war, wurde ihr erstes Gedicht veröffentlicht, zwei Jahre später ihre erste Geschichte. Seitdem hat sie sich sowohl mit ihren Romanen und Psycho-Thrillern für Erwachsene als auch mit ihren Kinder- und Jugendbüchern einen breiten Leserkreis erobert.
Aus: Wenn Weihnachten kommt. Copyright © 1982 by Verlag Friedrich Oetinger, Hamburg

Paul Auster *Auggie Wrens Weihnachtsgeschichte*
Geb. 1947 in Newark / New Jersey
Studierte Anglistik und Vergleichende Literaturwissenschaft an der Columbia University und verbrachte danach einige Jahre in Paris. Heute lebt er in Brooklyn. Er ist mit der Schriftstellerin Siri Hustvedt verheiratet und hat zwei Kinder.
Deutsch von Werner Schmitz. © 1991 by Rowohlt Verlag GmbH, Reinbek bei Hamburg.

Kirsten Boie *Der Heilige Tag*
Geb. 1950 in Hamburg
Studierte Deutsch und Englisch, promovierte in Literatur-

wissenschaft und war Lehrerin an einem Gymnasium und an einer Gesamtschule. Für ihre Kinder- und Jugendbücher wurde sie mit zahlreichen Preisen ausgezeichnet.

Truman Capote *Eine Weihnachtserinnerung*
(eigentlich T. Streckfus Persons) Geb. am 30. 9. 1924 in New Orleans, gest. am 25. 8. 1984 in Los Angeles.
War eine schillernde Figur der amerikanischen Literaturszene und der New Yorker Schickeria. International bekannt geworden durch den Tatsachenroman «Kaltblütig» und die Verfilmung von «Frühstück bei Tiffany».

Dagmar Chidolue *Millie feiert Weihnachten*
Geb. 1944 in Sensburg
Nach einer Ausbildung im wirtschafts- und steuerberatenden Beruf machte sie Abitur und studierte Jura und Politische Wissenschaften. Heute lebt sie mit ihrer Familie in Usingen. Sie zählt zu den namhaftesten Kinder- und Jugendbuchautorinnen und wurde mit zahlreichen Preisen ausgezeichnet.

Charles Dickens *Weihnachtsgans und Plum-Pudding*
Geb. am 7. 2. 1812 in Landport, gest. am 9. 6. 1870 in Gads Hill
Nach einer Lehre bei einem Rechtsanwalt eine Zeit lang Gerichtsreporter. Nach seinen noch unter Pseudonym veröffentlichten Alltagsbeschreibungen errang er bald Ruhm und Anerkennung. Viele seiner weltberühmten Romane und Erzählungen wurden zuerst als Fortsetzungsromane in Zeitschriften veröffentlicht.

GmbH & Co. KG. Artemis & Winkler Verlag, Düsseldorf / Zürich

Hans Fallada *Lüttenweihnachten*
(eigentlich Rudolf Dietzen) Geb. am 21. 7. 1893 in Greifswald, gest. am 5. 2. 1947 in Berlin
Nach abgebrochenem Schulbesuch verschiedene Berufe, schließlich Journalist und Schriftsteller. Schrieb sozialkritische Romane über die sogenannten Kleinen Leute.
Aus: ders., Gesammelte Erzählungen. Rowohlt Verlag GmbH, Reinbek bei Hamburg 1967. Mit freundlicher Genehmigung der urheberberechtigten Frau Emma D. Hey, Braunschweig.

Cornelia Funke *Das unsichtbare Rentier*
Geb. 1958 in Dorsten
Lebt als freischaffende Kinderbuchautorin und Illustratorin mit ihrem Mann und ihrer Tochter in Hamburg.
Aus: dies., Als der Weihnachtsmann vom Himmel fiel. Copyright © 1994 by Cecilie Dressler Verlag, Hamburg

Maxim Gorki *Von einem Knaben und einem Mädchen, die nicht erfroren sind*
Geb. am 28. 3. 1868 in Nischnij Nowgorod, gest. am 18. 6. 1936 in Moskau
Nach frühen Jahren der Arbeitssuche in Russland und ersten Texten aus dem Vagabundenmilieu verließ er nach der Revolution von 1905 Russland und lebte im westlichen Ausland, zuletzt auf Capri. Begründer des sozialistischen Realismus, als deren Klassiker viele seiner Erzählungen gelten.
Aus: ders., Erzählungen, Erster Band, a. d. Russ.: Amalie Schwarz © Aufbau-Verlag Berlin und Weimar 1953

Patricia Highsmith *Eine Uhr tickt zu Weihnachten*
Geb. am 19. 1. 1921 in Forth Worth / Texas, gest. am 4. 2. 1995 in Locarno
Hatte schon als Kind den Wunsch, Schriftstellerin zu wer-

den. Lebte in Italien, England und Frankreich, bevor sie sich dann in Locarno niederließ. Berühmt vor allem als Autorin psychologischer Kriminalromane und -erzählungen.

Aus: dies., Nixen auf dem Golfplatz. Aus dem Amerikanischen von Anne Uhde. Copyright © 1985 by Diogenes Verlag AG Zürich

Walter Kempowski *Schlittschuhlaufen*
Geb. am 29. 4. 1929 in Rostock
Nach Lehre in einer Druckerei 1948 wegen Spionage festgenommen und verurteilt. 1956 amnestiert. Holte 1957 das Abitur nach und studierte anschließend in Göttingen Pädagogik. Ist vor allem als «deutscher Chronist» bekannt, schreibt neben seinen Erzählungen und Romanen auch Hörspiele und Essays.

Aus: ders., Weltschmerz, Kinderszenen fast zu ernst. © 1995 Albrecht Knaus Verlag, München, in der Verlagsgruppe Bertelsmann GmbH

Karl Krolow *Eine Weihnachtserinnerung, die ich nicht vergaß*
Geb. am 11. 3. 1915 in Hannover, gest. am 30. 5. 2000
Verfasser stimmungsvoller Naturlyrik, später experimenteller Gedichte. Literaturkritiker und Übersetzer spanischer und französischer Lyrik. 1956 Georg-Büchner-Preis. Mit freundlicher Genehmigung von Luzie Krolow.

Georg M. Oswald *Große Bescherung*
Geb. 1963 in München
Lebt in seinem Geburtsort als Schriftsteller und Jurist.
Aus: ders., Das Loch. © 1995 Albrecht Knaus Verlag, München, in der Verlagsgruppe Bertelsmann GmbH

Gerhard Polt *Meine erste Revolution*
Schöne Bescherung
Geb. am 7. 5. 1942 in München
Aufgewachsen im Wallfahrtsort Altötting, studierte in Göte-

borg und München, Skandinavist und Sänger, lebt heute in Schliersee.

Aus: Im Schatten der Gans. © 1995 by Haffmans Verlag AG Zürich

Wolfdietrich Schnurre *Die Leihgabe*

Geb. am 22. 8. 1920 in Frankfurt am Main, gest. am 9. 6. 1989 in Kiel

Literarisch vielseitig, schrieb Kurzgeschichten, Romane, Essays, Gedichte, Kinderbücher, Arbeiten für Funk und Fernsehen. Seine kritisch-humorvollen Texte hat er häufig selbst illustriert. Mitbegründer der Gruppe 47. 1983 Georg-Büchner-Preis.

Aus: Als Vaters Bart noch rot war, Neuausgabe © 1996 Berlin Verlag, Berlin

Erwin Strittmatter *Der Weihnachtsmann in der Lumpenkiste*

Geb. am 14. 8. 1912 in Spremberg, gest. am 31. 1. 1994

Sohn eines Bäckers. Übte so verschiedene Berufe aus wie Bäcker, Chauffeur, Tierpfleger. War nach dem Zweiten Weltkrieg Journalist und Schriftsteller.

Aus: ders., ¾ hundert Kleingeschichten. Aufbau Verlag Berlin und Weimar. Mit freundlicher Genehmigung von Eva Strittmatter.

Dylan Thomas *Weihnachtserinnerungen*

Geb. am 27. 10. 1914 in Swansea / Wales, gest. am 9. 11. 1953 in New York

War mit 19 Jahren Preisträger eines Lyrik-Wettbewerbs. Arbeitete während des Zweiten Weltkrieges als Autor von Dokumentarfilmen. Lyriker, Dramatiker und Hörspielautor.

Aus: ders., Unter dem Milchwald. – Ganz früh eines Morgens. – Ein Blick aufs Meer. Aus dem Englischen von Erich Fried. © 1996 Carl Hanser Verlag, München, Wien

Anton Tschechow *Jungen*
Wanjka
Geb. am 29. 1. 1860 in Taganrog, gest. am 15. 7. 1904 in Badenweiler
Von Beruf Arzt. Einer der größten russischen Autoren, dessen Erzählungen und Dramen den Niedergang der vorrevolutionären russischen Gesellschaft zeigen, des Adels wie des Kleinbürgertums.
Jungen aus: ders., Die Steppe. Meistererzählungen, a. d. Russ.: Gerhard Dick, © Rütten & Loening, Berlin 1965
Wanjka aus: ders., Das schwedische Zündholz, a. d. Russ.: Gerhard Dick, © Rütten & Loening, Berlin 1965

Kurt Tucholsky *Himmlische Nothilfe*
Geb. am 9. 1. 1890 in Berlin, gest. am 21. 12. 1935 in Göteborg
Tucholsky, der sich auch einiger Pseudonyme bediente, bevorzugte als zeitkritischer Satiriker, Essayist und Kabaretttexter die kleine Form in Prosa und Versdichtung. Seine journalistischen Arbeiten zeigen ihn als entschiedenen Pazifisten. 1935 wurde er ausgebürgert und beging in Göteborg Selbstmord.
Aus: ders., Gesammelte Werke. © Rowohlt Verlag GmbH, Reinbek bei Hamburg 1960

John Updike *Die zwölf Schrecken der Weihnacht*
Geb. am 18. 3. 1932 in Shillington / Pennsylvania
Trat nach einem Studium in Harvard und an der Ruskin School of Drawing and Fine Arts in Oxford 1955 für zwei Jahre in den Redaktionsstab des «New Yorker» ein. Die Erzählungen und Essays, die er dort veröffentlichte, begründeten seinen literarischen Ruhm. Er gilt heute als einer der bedeutendsten und unterhaltsamsten Erzähler unserer Zeit.
Deutsch von Maria Carlsson. © 1992 by John Updike.

Paul Auster, geboren 1947 in Newark / New Jersey, gilt in Amerika als eine der großen literarischen Entdeckungen der letzten Jahre. Er studierte Anglistik und vergleichende Literaturwissenschaft an der Columbia University und verbrachte danach einige Jahre in Paris. Heute lebt er in New York.

Die New York-Trilogie *Roman*
(rororo 12548)
«Eine literarische Sensation!» *Sunday Times*

Mond über Manhattan *Roman*
(rororo 22756)

Smoke. Blue in the Face
Zwei Filme
(rororo 13666)

Die Erfindung der Einsamkeit
(rororo 13585)

Die Musik des Zufalls *Roman*
(rororo 13373)

Mr. Vertigo *Roman*
Deutsch von Werner Schmitz
320 Seiten. Gebunden und
als rororo Band 22152

Leviathan *Roman*
Deutsch von Werner Schmitz
320 Seiten. Gebunden und
als rororo Band 13927

Von der Hand in den Mund
Deutsch von Werner Schmitz
512 Seiten. Mit 24 farbigen
Tafeln. Gebunden und als
rororo Band 22634
Aller Anfang ist schwer: Paul
Austers amüsantes Selbstporträt des Künstlers als hungernder Mann vor dem
Hintergrund der bewegten
sechziger und siebziger Jahre.

Timbuktu *Roman*
Deutsch von Peter Torberg
192 Seiten. Gebunden und
als rororo 22882

Das rote Notizbuch
Deutsch von Werner Schmitz
64 Seiten. Pappband und als
rororo 23040

Paul Auster's Stadt aus Glas
*Herausgegeben von
Bob Callahan und
Art Spiegelman. New York-
Trilogie I. Großformat*
(rororo 13693)

Im Land der letzten Dinge
Roman
Deutsch von Werner Schmitz
200 Seiten. Gebunden und
als rororo Band 13043

Lulu on the Bridge
*Das Buch zum Film
mit Vanessa Redgrave
und Harvey Keitel*
(rororo 22426)

Mein New York.
*Mit einem Vorwort von
Luc Sante.*
Deutsch von Joachim A.
Frank und Werner Schmitz
120 Seiten. 15 Fotos.
Gebunden